语义蕴涵

句法结构及话语理解

王占华【著】

朋友書店

目　　　录

第1章　词汇语义特征对句法结构的制约······1
  1　动词的工具义素对句法结构的影响······3
  2　从"N的V"结构看陈述性功能对指称性功能的制约······22
  3　从"对X有Y"格式看分布的异类互补······59
  4　从"做V"格式看词汇语义对形式动词的选择······71

第2章　事件结构与语法·语用的整合······89
  1　"把"字句的项与成句和使用动因······91
  2　处所短语句的蕴涵与"在"的隐现······107
  3　"了1"的语义·语用功能······128

第3章　认知语义与话语理解······141
  1　话语理解中的定位问题······143
  2　"吃食堂"的认知考察······160
  3　趋向补语的认知分析······170

第4章　语义蕴涵的汉日比较······183
  1　汉日语的适量准则······185
  2　动词结果蕴涵的汉日比较······201

第1章

词汇语义特征对句法结构的制约

① 动词的工具义素对句法结构的影响

② 从"N的V"结构看陈述性功能对指称性功能的制约

③ 从"对X有Y"格式看分布的异类互补

④ 从"做V"格式看词汇语义对形式动词的选择

第1章-1

动词的工具义素对句法结构的影响

要旨 中国語の一部分の動詞には、動作を表す意義素(sememe)だけでなく、道具を表す意義素も含まれている。即ち、中国語の一つ動詞は日本語の「Xでする」に相当している。これは中国語の動詞の特徴と考えられる。本章は語義と文法を結合させ、動詞における道具を表す意義素を分類し、違う種類の意義素が文法構造及び談話理解に与える影響を論じた。

0. 引言

0.1 从语义学的角度考察，可以认为所有动词的意义都是由若干个义素构成的。如"吃"由[+咀嚼]、[+咽下]等义素构成，"改"由[+更动]、[+修正]等义素构成[1]。虽然精确地描述构成各个动词的全部义素还有技术上的困难，但通过对比不难发现，构成不同的动词的义素，既不等量，也不同质。例如，"剪"这一动词，包含[+使用剪刀]这一义素；"刷"这一动词，包含[+使用刷子]这一义素，而上文的"吃"、"改"却不包含此类表工具的义素（以下称为"工具义素"）。这一点，在把汉语的动词译成日语时，也会显现出来。如"吃"和"改"，分别译为「食べる、直す」等即可，而对"剪"和"刷"，则要加上「はさみで、刷毛で」等说明工具的部分，然后才能分别译为「切る、磨く」等。

本文打算考察现代汉语中含有工具义素的动词，讨论工具义素对句法结构和话语理解的影响，进而从这一角度揭示语义与语法、语用的关系。

0.2 一般所说的"工具"，往往也包括"容器"和"材料"。如"用大碗吃"的"大碗"，"往墙上刷油漆"的"油漆"等。(徐 1993)本文所说的工具，都指在动作主的作用下，直接实施动作的工具，不包括这些成分。我们认为，在"把饭盛在大碗里"的过程中，在动作主的作用下直接实施动作的是"勺子、铲子"等，而不是"大碗"；在"往墙上刷油漆"里，直接实施动作的是"刷子"，而不是"油漆"。同理，认为在"用钢笔抄"和"用稿纸抄"里，"钢笔"是"工具"，"稿纸"是"材料"；在"用5号针绣"和

"用丝线绣"里,"5号针"是工具,"丝线"是"材料"。换言之,本文的"工具",都是指在动作主的操纵下"同动"的部分,而不是相对静止的部分。

1. 工具义素的种类
1.1 单一工具义素

一部分动词所包含的工具义素指单一的、确定的工具,工具同动词之间,有一种互相依存的关系。即"只有借助这一工具,才能完成这一动词所表示的动作"。例如,只有使用剪刀,才能完成"剪"这一动作;只有使用刷子,才能完成"刷"这一动作。我们把[+使用剪刀]、[+使用刷子]等称为"单一工具义素"。

现代汉语里包含单一工具义素的动词是一个封闭的类,它们有一个共同的特点,即绝大多数都与表这一工具的名词同形或部分同形、同音、部分同音或同音节。如"剪"与"剪子"、"刷"与"刷子"。再如:

"叉"包含单一工具义素[+使用叉子],它与"叉子"部分同形、部分同音。(以下只列出动词和义素,省略说明的部分。)

A:锯[+使用锯](のこぎりで)ひく

　　钩[+使用钩子](かぎで)引っかける

　　扫[+使用扫帚](ほうきで)掃く

　　拖[+使用拖布](モップで)床をふく

　　钻[+使用钻](ドリルで)穴をあける

　　刨[+使用刨子](かんなで)削る

　　铡[+使用铡刀](押し切りで)切る

　　凿[+使用凿子](のみで)穴をあける

　　扇[+使用扇子](扇子やうちわで)あおぐ、あおる

　　筛[+使用筛子]篩にかける

　　称[+使用秤类]

　　锄[+使用锄头]

　　梳[+使用木梳]

　　剃[+使用剃刀]

　　切[+使用刀]

B：碾[+使用碾子]（ひき臼で）ひく

　磨(面)[+使用磨]（臼で）ひく

　锁[+使用锁]

　钓[+使用钓鱼竿]

A类工具义素表往复动作的工具，B类工具义素表单向动作的工具(下同)。单向动作工具，如"碾子、磨"等，往往含有相对静止的部分。区别ＡＢ的目的，后面将要谈到。从语源上看，包含单一工具义素的动词与表示这一工具的名词同源。把它们译成日语的时候，有些要加上说明工具的部分。

有些动词含有的实施动作的单一工具义素是"水、火"。如：

冲、沏、泡、洗 [+用水]

烧、烤、蒸、煎、熬、炒、炸、化(熔化)[+用火]

我们将这些视为特殊的含有单一工具义素的动词。

1.2 特定部位工具义素

与单一工具义素类似，还有一些动词含有特定部位工具义素。如"扛"含有[+用肩]的义素。"咬"含有[+用牙齿] 的义素。"特定部位"指身体的某一部分，它虽然不同于一般的工具，但它与动作的关系和单一工具义素相同。即"只有借助这一工具(部位)，才能完成这一动词所表示的动作"。含有特定部位义素的动词也是封闭的小类。其成员再如：

驮、背 [+用背]

抓、拍、拉、按、摘、扳、推、掂、揉、摸、撕、端、托、扯(撕开)、抱、牵、挤(牛奶)、提、拽、搂、抠1[+用手][2)]

捏、弹、挠、捻、指、掐[+用手指]

捂、握[+用手掌]

捧、掰、搬[+用双手]

啃、嚼[+用牙齿]

舔[+用舌头]

亲[+用嘴唇]

踢、踩、踏 [+用脚]

吞、吃、喝 [+用口]

听[+用耳朵]

闻[+用鼻子]

顶[+用头]

看[+用眼睛]

"特定部位"一般含有相对静止的成分，不能像其他工具那样，完全掌握在动作主手中。这一点也影响到它们的功能，详后。

1.3 单类工具义素

另有一部分动词含有的工具义素虽不是指单一的工具，但是指同一类工具。例如"扎"含有的[+使用针类]。"绑"含有的[+使用绳子类]等义素，我们把这类工具称为"单类工具义素"。从其他角度分类，有些东西似难以认为属于一类，如"布"和"纸"。但是对"包"这一动作来说，两者具有相同的性质，所以将其归为同一类工具。以下对这种情况都做了类似的处理。含有单类工具义素的动词还有：

A：写[+使用笔类]

画[+使用笔类]

描[+使用笔类]

填(写)[+使用笔类]

签(字)[+使用笔类]

劈[+使用刀、斧类]

剁、砍[+使用刀、斧类]

刮[+使用刀、板类]

钉[+使用锤子类]

抽[+使用鞭子类]

挖[+使用锹类]

砸[+使用重物类]

绣[+使用针类]

缝[+使用针类]

剔[+使用尖刀类]

盛[+使用勺子类]

割[+使用刀类]

宰[+使用刀类]

织[+使用织(针)机类]

捣[+使用棍子类]

檑[+使用棒子类]

划(船)[+使用桨类]

掸[+使用掸子]

抠2[+使用细小棒类]

捞[+使用网类]

抬[+使用木棒类]

拨[+使用细棒类]

捅[+使用细棒类]

掸[+使用掸子类]

敲[+使用短棒类]

B:挑[+使用扁担类]

印[+使用印刷机类]

绑[+使用绳子类]

捆[+使用绳子类]

拴[+使用绳子类]

通[+使用细长通条类]

有的动词可以认为同时含有两类义素。如"挑",既含有单类工具义素[+使用扁担],也含有特定部位义素[+用肩]。有的动词兼有单类工具义素和特定部位义素。如:"抠",在不使用工具的情况下,限于[+用手指];在使用工具的情况下,则含有[+使用细小的棒类]。我们把它们分别归入两类。

另有些动词的情况更复杂一些,如"挖"在不使用工具的情况下,限于[+用手];在使用工具的情况下,则含有[+使用铁锹类]。类似的还有"捞、抬、拨、卷、捅、掸"等。又如"打",在不使用工具的情况下,限于[+用手];在使用工具的情况下,其使用的工具可概括为[+使用器物],类似的还有"敲、擦"等。对于这种临界状态的动词,

我们都按后一项归类,把它们归为单类工具动词。

2. 非工具动词

2.1 工具动词与非工具动词

有些动词所表示的动作,有时也要借助工具完成,但动词本身并不含有工具义素。例如"杀"这一动作,在实施时也可能使用刀枪等,不过"他杀了一个人",听话者无法判断"他"用的是哪种工具或哪类工具[3]。再如"修理",因修理的对象不同,往往要使用不同的工具实施,但"修理"本身,并无工具义素。为叙述方便,以下把含有工具义素的动词称为"工具动词",把不含有工具义素的动词称为"非工具动词"。还有一些动词所表示的动作一般无须借助工具来完成,如:"走、跑、跳、办、干、花(钱)、找、帮"等。它们虽然也是非工具动词,但因同它们对比没有示差意义,本文的讨论不涉及这类动词,下文的非工具动词也不包括它们。

2.2 常见非工具动词

常见的非工具动词再如:

A:动、弄、收拾、拆、试、砌、点、挑(选)、修、涂、掏、添、撒、插、编、松(用改锥把那个螺丝松一下)、摇、删、埋、摆

B:开、分、扔、夹、关、安、运、抛、拦、挂、挡、挪、种(zhòng)、拣、递、堵、堆、排、掀、接、盖、揭、碰、塞、摘、算、改、测量、做

有的动词因义项不同兼属非工具动词或特定部位动词。如:"拧",在"扭住皮肉使转动[4]"的情况下,含有[+用手指];在其他情况下,则有时使用工具(拧螺丝),有时不使用工具(拧灯泡)。

3. 工具义素与句型选择

工具动词和非工具动词,往往出现在不同的句型之中。有时虽然在相同的句型里出现,但所包含的语义内容并不一样。下面通过六种句型来考察。

3.1 "用NV"

3.1.1 这是汉语表达"使用某一工具来进行某一动作"时最常用的格式。含有单一

工具义素的动词很少在这一句型里出现。(换言之,表单一工具义素的"(用)N"很少出现在V的前面。)"用剪子剪、用锯锯、用拖布拖"等,虽然在语法上合格,但都是一种语义上的羡余(redundancy)形式,一般不会出现在本族人的自然话语中。因为在他们的语感里,这类V="用NV",即"剪"="用剪子剪",N是不言自明的。

如果N的部分不是单纯形式,而含有起区别作用的修饰成分,那N就不再是一般的工具,而变为某种特殊的、唯一的工具,这时的"用NV"是自然的说法。例如:

①这把剪子不快了,你用新剪子剪吧。

②你别用村东头的磨磨,省得叫他们看见。

③一阵风吹来,吹乱了他那仅有的几绺头发,他马上用那把小木梳梳了起来。

含有的单一工具义素是"水、火"的动词与此相同。如下面的④、⑤让人觉得不地道,而⑥、⑦则很自然。

④先把洗好的排骨用火煮熟捞出备用。

⑤姑娘们在井边用水洗衣服。

⑥把鸡腿肉切成三公分见方的块,然后用小火煮二十分钟。

⑦在号称"家家泉水,户户垂杨"的济南,一到傍晚,女人们就聚集到护城河边用泉水洗衣服。

有的学者在讨论工具动词的配价时,忽略有修饰成分的N与无修饰成分的N的区别,也不区分几类动词。如吴(1998)认为"从语义的角度看,K+Ni(即本文所说VN)中,Ni(相当于本文的N)可以是有所限定的,也可以是没有限定的。"他的例子是:

用刀切肉→用这把刀切肉

用铁锁锁门→用一把大铁锁锁门

用绳子捆猪→用这条长绳子捆猪

用铁锹挖沟→用我那把大铁锹挖沟

我们觉得,恰恰是在语义上,句中的N前有无限定,"自然度"差异很大。在我们的分类中,"切"和"锁"都是含有单一工具义素的动词,它们前面的N如果是无限定的简单形式,它的出现近于同义重复,几乎没有表义价值,如"用刀切肉"。"铁锁"实际上已经不是简单形式,(简单形式是"锁")。"捆"、"挖"是含单类工具义素的动词,它们前边的N有从一类中提取一个的作用,同"刀、锁"完全不一样。因此"用铁锁锁门"以下的几句,都是自然的说法。作为N,"刀"也可以出现在"挖"的前面,这时它的

作用同于"铁锹",在语义上也是有价值的。所以,我们认为,说"K+Ni 中,Ni 可以是有所限定的,也可以是没有限定的",这不是基于语义上的判断,而是基于语法上的判断。"有无限定都可以",只是语法上的"能说",而不是语义上的"等值"。

比较特殊的是连动式。据陆(1986)考察,现代汉语里能够单独充当连动式的前一个部分的动词,只有"来、去"两个,别的动词充当这一成分时,前后都须添加其他成分。在我们收集的语料里也看到,含有单一工具义素的动词也不例外,如果V位于连动式的前一部分,"用N"也常常出现。如:

⑧中老年德国人用餐时还有一种习惯,喜欢留下一小块面包,最后用叉子叉着擦净盘中的汤汁,然后送入口中。

⑨卖肉的用钩子钩着肉挂在树枝上,拽着栓着钩子的绳子藏在树后。

我们觉得,这两句中的"用NV"是作为一个整体来充当后一部分的方式的。如果没有"用N",意义上显得突兀,但语法上仍可接受。

3.1.2 含有特定部位工具义素的动词在"用NV"中出现的比率相对增加,这又分为两种情况。

一. 特定部位是"手"的"用N"出现频率最高,是"脚"的次之,其他的很少出现。例如:

①老者暗示脚卵(人名)把王一生放下,用手去揉他的大腿。(阿城《棋王》)

②他用手摸了摸孩子的头。(刘震云《一地鸡毛》)

③小林心里一"咯噔",问是谁,老婆用手指了指外间门厅。(同上)

④(他)叹了一口气,用脚踢了踢"爱国菜",漫不经心地看前边称菜。(同上)

⑤魏吉伯翻开床毯,用脚一踢,床底下飞出一些纸灰。(罗广斌等《红岩》)

按语法规则,这些"用N"完全没有必要出现。和日语比较,也会看到同含有单一工具义素的动词相反的情况。如同汉语里很少说"用锯锯、用刀切"一样,日语里也很少有「手で揉む、手で撫でる、手で指す、足で蹴る」一类的说法。日语要说「のこぎりでひく、はさみで切る」是因为「ひく、切る」中不包含工具义素,但汉语的"摸、踢、揉"等,本身已包含工具义素,为什么还要出现"用手摸"等形式,其原因尚待探讨。

如果N前有修饰成分,那即使是特定部位,也变成了某种唯一的"工具",N出现的理据性增强。如:

⑥温都太太用小薄嘴唇抿了半口茶。(老舍,转引自李临定例)

⑦书记用胖手在扶手上轻轻拍了两下,又轻轻用中指很慢地擦着鼻沟儿。(阿城《棋王》)

⑧继续收听广播,不是可以和外界变相接触吗?他用熟练的指头拨动着收音机的螺旋钮。(罗广斌等《红岩》)

二."用耳朵听、用牙嚼、用嘴喝"等在语料中未见,但"用鼻子闻了闻、用舌头舔了一下、用头顶"都可接受。似乎可以说,如果"用N"的"N"是可向V的O移动的特定部位,那"用N"出现的可能性就大。

3.1.3 含有单类工具义素的动词常在"用NV"中出现,但不同的N,出现的频率不同。在一类工具中,通常有一个是实施某一动作的常规的工具。如对"挑"这一动作来说,常规工具是"扁担";对"抽"这一动作来说,常规工具是"鞭子"。此外,有些类工具有作为总称的"类名",如表示书写工具的"笔"。N出现的可能性是:

非常规工具＞常规工具＞类名　　(＞:表左边的可能性比右边大。下同。)
因此,"用筷子写"出现的概率(即N不省略的可能性)大于"用钢笔写","用钢笔写"又大于"用笔写";"用毛巾抽"的概率大于"用皮带抽",后者又大于"用鞭子抽"。

对有些动作来说,借以实施的工具没有主次之分,因此,在仅凭语境难以判断的条件下,这类动词的前面一般要出现"用N"。如:

①我把蛇挂起来,将皮剥下,不洗,放在案板上,用竹刀把肉划开。(阿城《棋王》)

②每年秋天,哥伦比亚省都要举行一种用斧子砍原木的伐木比赛,选手们是从各个地区选拔出来的林业工人,观看比赛的人则来自全国各地。

③"游刃有余"是说厨师在用尖刀剔牛肉的时候,刀子在牛的骨头缝里自由移动,没有一点阻碍。

④月红一边哼着小曲,一边用牙签剔着指甲。(如果是"剔牙",没有"用牙签"也可以。)

⑤刘思扬默默地用筷子拨动饭粒,掩盖内心的痛苦。(罗广斌等《红岩》)(如果是"夹饭粒",没有"用筷子"也可以。)

兼有特定部位义素的动词的前面没有"用N"时,其工具一般为特定部位;有"用N"时,工具是单类工具中的一种。例如:

⑥听了刘大姐的话,戈玲捅了余德利一下。(用特定部位"指头"的可能性最大。)

⑦告诉你说,这山楂的核都是拿(=用)竹签儿捅的,根本就没用铁器。(传统相声

《阴阳五行》)

3.1.4 非工具动词能在"用ＮＶ"中自由出现。例如：

①战士们正在用推土机堵决口。

②老人用一根长竹竿熟练地关上了电闸。

包含非工具动词的句子里没有"用Ｎ"，有时不易判断实施动作时是否使用了工具或使用了何种工具。如：

③进店以后，记者不禁大吃一惊，正坐在柜台前修表的，竟然是一位双目失明的中年男人。

⑧几个孩子正围着鱼池捞鱼，每个人的旁边都放着一个玻璃罐头瓶儿。

3.2　ＶＮ、Ｖ一Ｎ、Ｖ了一Ｎ（Ｎ均为工具）

这三个格式分别指 "*剪剪子"、剪一剪子、剪了一剪子"一类说法。这三种格式互相关联，我们放在一起讨论。以往的研究，注重对Ｎ和"一Ｎ"的性质的分析。对前者，一般认为是工具宾语(孟 1987，李 1988)；对后者，有人认为是数量补语(黄 1982，胡 1985)，有人认为是动量宾语(朱 1982)。

3.2.1 绝大多数工具动词不能在ＶＮ中出现，如不说"锯锯、扫扫帚、剃剃刀、剁斧子、盛勺子"等。能出现的只有四个工具动词，即"扇扇子、抽鞭子、捆绳子、盖盖子"。我们认为，这几例中的Ｎ兼有工具和受事两种语义身分，充当宾语的时候，它们都是前面动词的受事。"扇扇子"就是"把扇子扇动"，"抽鞭子"是把鞭子抽出来(出去)"，"捆绳子" 是 "把绳子捆在Ｘ上"，"盖盖子"与此相似，是"把盖子盖在Ｘ上"。在众多工具动词中，只有这几个动词能够构成ＶＮ的形式，原因在于它们意义上的特殊性。如"扇"，既是通过扇子实施的动作，又是使扇子动的动作。"抽"既是通过鞭子抽打Ｘ的动作，也是使鞭子动的动作；"捆"既能束缚Ｘ，也能改变绳子的存在状态。只有认清这点，才能解释大量的、典型的工具动词不能带所谓"工具宾语"的现象。

另有一些格式，一般也看做工具宾语。如："吃大碗、洗冷水、写毛笔、抽烟斗"等。按我们的分类，"大碗"不是工具，是容器，其他几例中的Ｎ虽是工具，但都不是单纯形式，而分别是一类工具中的一个。这使它们具有较强的区别、指代作用。我们在另一篇论文里谈到，"大碗"是"大碗饭"的省略形式、"冷水"是"冷水澡"的省略形式、"毛笔"是"毛笔字"的省略形式、"烟斗"是替代"烟斗里的烟丝"的[5]。因此，

它们也都是 V 的受事宾语。

单类工具动词中的"打",一般认为是个能带多个工具宾语的动词。常被用来做例子的有:

    a. 打两包烟的

    b. 打板子、打戒尺。

    c. 打枪、打炮

    d. 打裹腿、打毛线、打粗线、打戳子、打鞋油、打大锤、打夯[6]

我们认为,a 的"打两包烟的"等于"打两包烟的赌=打赌",是受事。b 的"打板子、打戒尺"分别是"打他板子、打他戒尺"的省略,两者都是双宾语的远宾语,因而也是受事。c 的两个"打"都是"放射"的意思,因为与"殴打、攻打"的"打"同形,被误当成了"用枪或炮打人",对比一下同为"放射"意义的"打电话、打电报、打信号枪"等,就不难看出"枪、炮"的受事性质。d 的七个"打",分属四个义项:"打裹腿"的"打"是"捆上";"打毛线、打粗线"的"打"是"编织";"打戳子、打鞋油"的"打"是"涂抹、印";"打大锤、打夯"的"打"是"举起"。七个格式的意义分别是"捆上绑腿、编织毛线/粗线、印上戳子、涂抹鞋油、举起大锤/夯",其中的 N 也都是受事。

非工具动词也不能出现在 V N 中,如不能说"分秤(用秤分)、夹筷子(用筷子夹)、运手推车(用手推车运)"等。

由上可见,V N 不是包含工具义素动词出现的常规形式,N 也不是工具宾语。

3.2.2 能在"V—N"出现的工具动词较多,含有表往复动作的义素的动词(上文的 A 类),大都可出现在这一格式当中。例如单一工具义素动词:

钩—钩子

扫—扫帚

拖—拖布

刨—刨子

铡—铡刀

凿—凿子

扇—扇子

锄—锄头

梳—木梳

当N为单音节时,V—N与V—V同形。如:

锯—锯

钻—钻

表单向动作的B类动词,不能出现在这一格式中。如不说:

*碾—碾子

*磨—磨

*钓—钓鱼竿

含特定部位工具义素的动词,除"踢"能说"踢一脚、看一眼"以外,其他都不能进入这一格式。单类工具义素动词的A类都能进入。例如:

写一笔

画一笔

描一笔

填一笔

签一笔

劈一刀/斧子

剁一刀/斧子

砍一刀/斧子

刮一刀

剔一刀

割一刀

钉一锤子

挖了一锹

砸一石头

绣一针

缝一针

盛一勺子

捣一棍子

橇一杠子

打一棍子

搅一勺子

敲一鼓槌

擦一抹布

B类不能进入，不说"*挑一扁担、*捆一绳子、*包一纸"等。

　　非工具动词的情形与此类似，B类都不能进入，A类能进入的也相对减少。收集到的能说的只有：

埋一锹

摆一筷子(用筷子把冷盘里的菜摆一摆)

等几个。

　　似可认为，构成"V一N"的语义基础是：使用某一实施动作的工具的一个往复。工具动词的A类，无论是含单一工具义素的，还是含单类工具义素的，其施行过程就是这样的往复，所以都能进入这一格式。含特定部位义素的动词都固定于人体，难以像一般工具那样往复活动，因此难以进入这一格式。非工具动词使用工具的频度不平衡，只有表经常使用的工具的N才能进入。

　　基于这样的认识，我们把"一N"看做动作的量，赞成动量宾语的处理方法。

　　3.2.3 "V了一N"是"V一N"的扩展形式，能进入"V一N"的动词，也都能进入"V了一N"。 由于有的N兼属名量词，而"V了一名量词"是使用"了"的一个常规格式，所以人们理解"V了一N"的优先顺序总是：

"V了一名量"＞"V了一动量"

例如：

写了一笔(1. 写了一笔字＝写了一个字／一句话 2. 写了一下，1、2 表示理解时的先后顺序，下同。)

画了一笔(1. 画了一笔画　2. 画了一下)

砍了一刀(1. 砍了一刀肉　2. 砍了一下)

挖了一锹(1. 挖了一锹土　2. 挖了一下)

盛了一勺(1. 盛了一勺菜　2. 盛了一下)

N被理解为名量的情况下，"一"还可以省略，分别说成：

写了笔(字)

砍了刀(肉)

挖了锹(土)

盛了勺(粥)

这一省略还和音节有关，N为双音节时，"一"不能省略。"V了一N"的V为单一工具义素时，N都不兼名量词，因此都没有 1 的理解，"一"也不能这样省略。如没有下列说法。

*剪了剪子(布)

*扫了扫帚(灰尘)

*拖了拖布(地板)

*扇了扇子

*梳了木梳(头发)

3.3 V了一N1N2

N2 都是伴随V的实施而产生的附着在N1上的附着物，只要N1是表可负载他物的空间的，工具动词便可以出现在这一句式中。N1 和 N2 之间还可以加进"的"[7]。例如含单一工具义素的动词：

锯了一锯锯末（锯了一锯的锯末）

钩了一钩子血（钩了一钩子的血）

扫了一扫帚水（扫了一扫帚的水）

拖了一拖布灰（拖了一拖布的灰）

锄了一锄头泥（锄了一锄头的泥）

梳了一木梳头皮（梳了一木梳的头皮）

含特定部位义素的动词：

驮了一肩膀沙子（驮了一肩膀的沙子）

摸了一手鸡粪（摸了一手的鸡粪）

舔了一舌头糖（舔了一舌头的糖）

亲了一嘴唇口红（亲了一嘴唇的口红）

顶了一头草叶（顶了一头的草叶）

含单类工具义素的动词：

描了一笔水彩（描了一笔的水彩）

刮了一刀肥皂末（刮了一刀的肥皂末）

捆了一绳子棉花毛（捆了一绳子的棉花毛）

砸了一手泡（砸了一手的泡）

刷了一刷子油漆（刷了一刷子的油漆）

打了一棍子血（打了一棍子的血）

搅了一勺子猪食（搅了一勺子的猪食）

擦了一抹布墨水（擦了一抹布的墨水）

非工具动词的一部分也可进入。例如：

埋了一锹泥（埋了一锹的泥）

从形式上看，"V了一N1N2"好像和 3.2.3 的"V了一N"有关联，实际上两者完全不同。"V了一N"成立的基础是往复动作，其中的"一"是实指的，也可以换成其他数字。如：

锯了两锯

扫了三扫帚

锄了五锄头

梳了几木梳

剪了七、剪子

描了两笔

刮了三刀

打了五棍子

刷了几刷子

而"V了一N1N2"成立的基础是N1可负载N2，其中的"一"近似一个副词，是"全、满"的意思，不能换成其他数字。"*锯了两锯锯末、*锄了三锄头泥、*驮了四肩膀沙子、*刮了五刀肥皂、*擦了几抹布墨水"都不能说。另外，"V了一N"中的V意义实在，而"V了一N1N2"中的V意义虚化，都近似于"沾、弄"。虽然N1与N2之间可以加进"的"，但我们倾向于把"V了一N1N2"看做一种特殊的双宾语形式。

3.4 "把N V X 了"

X是V的补语,补充说明V造成的N的非正常状态。如:"把剪子剪坏了、把牙啃疼了、把笔画坏了"等。工具动词的A类和B类都可进入这一格式,而非工具动词不能。下面是两组互相对照的例子:

工具动词:

用毛笔画→把毛笔画秃了

用红圆珠笔写→把红圆珠笔写没油了

用改锥拧→把改锥拧坏了

用手捏他→把手捏酸了

用铁锹挖坑→把铁锹挖坏了

用锤子砸核桃→把锤子砸坏了

非工具动词:

用毛笔改论文→*把毛笔改秃了

用红园珠笔删文章→*把红园珠笔删没油了

用改锥修自行车→*把改锥修坏了

用手拦他→*把手拦酸了

用铁锹埋→*把铁锹埋坏了

用锤子拆箱子→*把锤子拆坏了

如果不考虑对照,那非工具动词不能进入这一格式的情况就看得更清楚。有的组合虽然能说,但结构中的N不是工具而是受事。如:

把汽车弄坏了(弄坏汽车 *用汽车弄)

把插座插坏了(插坏了插座 *用插座插)

形成这种现象的原因在于,动作动词所表示的动作是由工具直接实施的,动作一方面作用于受事,另一方面也作用于工具,造成工具的变形或损坏。非动作动词在实施过程中使用工具,但动词所表示的,并不是工具的动作,动作也不直接作用于工具。与其说工具动词是动作主的工作,不如说是工具的动作;而非工具动词则是动作主的动作。在这个意义上可以说,工具动词和非工具动词在这一格式中的差异,是工具的动作和动作的工具的差异。

4. 工具义素与话语理解

动词的工具义素不只影响语法结构，也影响话语理解。下面我们把观察的平面提升到句子，通过对句中人称代词"它"。指示代词"这个、那个"和疑问代词"什么"等的理解来看工具义素的影响。

现代汉语的"用"除了在动词前面引入工具以外，还引入容器、材料、燃料方式等，下面我们把一般工具记做Ａ。把某一特定的工具记做Ｂ。把容器/材料/方式等记做Ｃ，分别考察不同的动词句中的"它"的理解顺序。

4.1 如果"用它(这个、那个、什么)Ｖ"中的Ｖ是含单一工具义素的动词，那么母语是汉语的人理解"它"等的优先顺序是：

Ｃ＞Ｂ＞Ａ

例如：

你用它剪吧。（1."它"是材料。2."它"是某一把剪子。3."它"是剪子。）

我想用它剪，你看行吗。（1."它"是材料。2."它"是某一把剪子。）

我用它剪个"喜"字怎么样。（"它"是材料。）

不用说，句子的构成影响对"它"等的理解。例如，对"那个坏了，你用这个剪吧"，人们一般把"那个、这个"理解为某一特定的工具，理解为材料的微乎其微。但值得注意的是，即使是像3.4的"把剪子剪坏了"这类句子，如果把其中的"剪子"换成"它"，人们仍然优先把"它"理解为工具以外的其他结构项，不会回溯到"剪子"。如果句中的动词不是含单一工具义素的"剪"，而是他类，则另当别论。详下。

把它换为"什么"，优先顺序没有变化。"我用什么剪呢?"一般人优先想到的，仍是材料。

动词的意义也影响对句子的理解，为便于对比，以下我们也尽量选与"剪"意义相近的动词(如有"Ｖ成"意义的动词)。

4.2 Ｖ是含单类工具义素的动词时，因为有从一类之中选择一个的问题，理解的优先顺序变为：

Ｂ＞Ｃ＞Ａ

你用它写吧。（1."它"是某一支笔。2."它"是材料，如笔记本等。3."它"是笔。）

我想用它写，你看行吗。（1."它"是某一支笔。2."它"是材料。）

我想用它写个"喜"字怎么样。(1."它"是某一支笔。2."它"是材料。)

下面是小说《红岩》的句子,"用它来写吧!这是老许前年送给我的"。上下文证明,"它"指的就是一支特定的笔。

"什么"与"它"略有不同,对"我用什么写呢。"把"什么"优先理解为材料的和某一支笔的,在我们的咨询中各占50%。这里似也不妨理解为一般工具,如是用"钢笔"还是用"毛笔"等,但这是第二、三位的理解。

4.3 V是含特定部位工具义素的动词时,由于特定部位是无从选择的,理解的优先顺序又发生变化,再次变为:

C＞B＞A

你用它捏吧。("它"是材料。)

我想用它捏,你看行吗。("它"是材料。)

我用它捏个面人儿怎么样。("它"是材料。)

理解为B、A的可能性近于零。"我用什么捏呢?",情况完全一样。

4.4 V是非工具动词时,如果V是有"V成"意义的,理解的优先顺序变为:

C＞B＞A

你用它做吧。(1."它"是某种材料。2."它"是某一工具。)

我想用它做,你看行吗。(1."它"是某种材料。2."它"是某一工具。)

我想用它做个鸟笼怎么样。(1."它"是某种材料。2."它"某一工具。)

我用什么做呢。(1."什么"是某种材料。2."什么"某一工具。)

如果V没有"V成"意义,理解的优先顺序为:

B＞C＞A

你用它修吧。(1."它"是某一工具。2."它"是某种材料。)

我想用它修,你看行吗。(1."它"是某一工具。2."它"是某种材料。)

我想用它修修鸟笼怎么样。(1."它"是某一工具。2."它"是某种材料。)

我用什么修呢。(1."什么"某一工具。 2."什么"是某种材料。)

因动词不同,优先的顺序虽不一样,但排在最后的都是A,即都是一般工具。可以推想,人们理解动词时,也许是倾向于先寻找其中的一般工具义素,将其作为已知信息,

然后再及其他的。

注：

1) 动词的不同义项，往往含有不同的义素，这里列举的，只是"吃"和"改"的一个义项的义素。以下除非必要，我们列举动词时也只就其中的一个义项进行分析。

2) 因为很多动词都是由"手"完成的，有时"手"具有动作的第一动力和实施动作的工具等双重身分。如"写"是由手拿着笔进行的，"手"只是第一动力，"笔"是实施工具，而实施"握"这一动作时，手既是第一动力又是实施的工具。特定部位义素的手，都指后者。

3) 吕(1985)曾指出："'杀'这个动词，你可以说'杀鸡'，可是不能说'杀臭虫'，只能说'弄死'或者'捏死'；从主语这一头说，人可以'杀'鸡，黄鼠狼就不是'杀'鸡，而是'咬死'一只鸡。……英语kill，词典里注为"杀"或"杀死"，可是英语可以kill a rat，汉语不能"杀"一个老鼠。"吕先生的这段话，实际上已透露出动词的工具义素对语法结构的影响的信息。

4) 关于动词的释义，都引自《现代汉语词典》(第6版 2012 北京)和《动词用法词典》(孟琮等 1987 上海)。

5) 见王(1997)。

6) 以上各例均引自《动词用法词典》。

7) 见朱《语法讲义》50页。

参考文献

朱德熙 1982《语法讲义》，商务印书馆。

胡裕树等 1985《现代汉语》，上海教育出版社。

吕叔湘 1985「句型和动词学术讨论会开幕词」，『句型和动词』，语文出版社。

杉村博文 1985「道具目的語の形成」，《中国語学》232号

陆俭明 1986「关于"去＋ＶＰ"和"ＶＰ＋去"句式」，《第一届国际汉语教学讨论会论文选》。

李临定 1988《汉语比较变换语法》，中国社会科学出版社。

马庆株 1992《汉语动词和动词性结构》，北京语言学院出版社。

徐杰 1993「"工具"范畴和容纳"工具"范畴的结构」，《汉语描写语法十论》，河南教育出版社。

胡裕树等 1995《动词研究》，河南大学出版社。

徐烈炯 1995《语义学》，语文出版社。

王占华 1997「汉语特殊ＶＯ格式语义研究中的若干理论问题」，《人文研究》第49卷第10分册。

吴继光 1998「工具的句法表现及其他」，《现代汉语配价语法研究》，北京大学出版社。

第1章-2
从"N的V"结构
看陈述性功能对指称性功能的制约

提要: "N的V"结构指"他的反对、财产问题的提出"这类组合,我们看作动词带定语的偏正结构。以往对这种结构的讨论集中在它的归类和V词性上,我们从N和V之间的语义关系入手,区分定语、动词和"N的V"的类别,考察它们的特点,主要结论是:一、"N的V"的V(即动词)分为三类,"N的V"结构包括四类;四类结构在语法语义功能上存在着对立,造成这些对立的根源是三类V的不同语义特点。二、"N的V"结构同其他体词性偏正站构有两点重要区别:(1)在内部构成上,中心语的类决定定语的类。(2)在外部组合上,结构内外构成语义上的互补关系。三、动词的陈述性用法和指称性用法互相联系,主宾语转为定语有一定的规则。

0. 引言

0.1 "N的V"结构指"他的反对、财产问题的提出"这类组合。结构内"的"前的部分是N,包括名词、人称代词和某些名词性词组,"的"后的部分是V,指动词。能进入"N的V"结构的动词,对N有一定的选择性,这种选择性引起了"N的V"结构在分布上的某些差别。下面将考察这种选择性,描写所由造成的种种差别,并藉此对及物动词的再分类和句法结构的次范畴分类做些尝试。

0.2 对于"N的V"结构,以往的研究在V的词性和结构的类型上讨论得比较多,先后有过动词转成名词、动词的"名物化"、组合式词结、主谓结构、以动词为中心的偏正结构、主谓结构的体词化等观点[1]。联系各目遵从的语法体系来看,上面的说法都有其特定的价值,这里不想一一评论。我们要强调的是,讨论这一问题,应该立足于汉语的实际。汉语的动词不像有些语言(如印欧语、日语那样,实现陈述性功能和指称性功能时有不同时形式标记,但使用汉语的人不能因此不指称动词所表示的动作、行为和状态、变化。这就决定了汉语的动词既可以直接做主宾语,也可以直接受定语的修饰。基于这种认识,我们把谓语位置上的V和"N的V"中的"V"都看作动词,把"N的

V"结构看作动词带定语的偏正结构。

0.3 把"N的V"结构看作动词带定语的偏正结构,涉及词类划分中的"兼类"问题。以下面的"记录"为例:

a. 老张记录了当时的谈话。

b. 两页记录。

c. 推举他当记录。

在a里,"记录"表示"把听到的话或发生的事写下来",指一种行为,带宾语。在b里,它指"当场记录下来的材料",是一种物品,受数量词修饰。在c里,它指"做记录的人",前面也可以加上"一位"等数量词。如果认为a、b、c的"记录"是一个词,就要说它兼属动、名两类,表三种意义。我们没有这样处理,而是根据"基本意义变了就算两个词"、"词类不同就算两个词"的原则[2],把上面的"记录"看作三个词:记录a是动词,记录b、c是名词。采取这种看法,则"他的记录"代表两个同形的格式,一为"N的N",一为"N的V"。本文只讨论后一种。

0.4 有些研究"N的V"结构的论著,是把单双音节的V混为一谈的,我们把两者分开,暂不讨论前者[3]。以下的"N的V"中的V都指双音节动词或某些形式比较固定的动词性组合。如"夺回、提出"等。

1. 两类定语

1.1 根据V与V之间的语义关系和变换形式,"N的V"中的定语可以分为施事和受事两类。例如:在"他的反对"中,"他"是"反对"的施事,这一结构可以变换为"他反对";在"作品的分析"中,"作品"是"分析"的受事,这一结构可以变换为"分析作品"。我们称"他"为施事定语,记作Sd,称"作品"为受事定语,记作Od。

1.2 Sd 和 Od 的区别,集中体现在转换形式上,它们的确定,应以有无相应的转换形式为准。定语是Sd的"N的V",只能转为NV,不能转为VN。如:"他的反对"只能转为"他反对";不能转为"反对他"。定语是Od的"N的V"能转为NV,还能

转为VN。如："作品的分析→作品分析→分析作品"。即：

N的V→NV→*VN，则N为Sd；

N的V→NV→○VN，则N为Od。

根据这种变换关系，以下我们也称NV或N_1VN_2(如"他反对领导，他提出问题")中只能放在V前的N为施事，记作S；称可以放在V后的N为受事，记作O。有无上述转换，是N为S/Sd、O/Od的根本区别。

1.3 根据转换形式来确定施事和受事，S(Sd)、O(Od)的意义都比较宽泛。S既包括有生命的动作行为的发出者，也包括无生命的状态受化的主体，如"水位的下降"中的"水位"，O也不单指一般所说的做宾语时能用"把"提前的成分。

Sd、Od和S、O这四个概念，是我们分析"N的V"结构，描写它们的分布情况的主要凭借。

2. 三类动词

2.1 能进入"N的V"结构的动词在同Sd和Od组合这一点上是对立的。这种对立表现为：

一. 有些动词(以下记作V1)只能带Sd，

二. 有些动词(以下记作V2)只能带Od，

三. 有些动词(以下记作V3)既能带Sd，又能带Od。

2.2 V1

V1只能带Sd，它又包括a、b两类，a类都是不及物动词，即单向动词，以下记作V1a。b类都是及物动词，即非单向动词，以下记乍V1b。

2.2.1 我们从意义上把V1a分为三个小类：

一. **自身动词**　表示人、事物自身的动作行为或发展变化。如：

(1) 她的<u>点头</u>就是最好的回答。

(2) 小翠的<u>赌气</u>，动摇不了他的决心。 (83小，263)

(3) 脚步声惊醒了曾沧海的<u>沉思</u>。(子，103)

(4) 虎妞想拦拦父亲的<u>撒野</u>。(老三，128)

(5) 他的失败也不见得对大姐有什么不利。(正,33)

(6) 这仍然不能阻止股票的上涨。(金满城译,金钱)

自身动词再如:鼓掌、挣扎、捣乱、翻身、休息、跳动、流动、成长、前进、奔驰、变化、飞跃、失陷、反扑、贬值、成功、觉醒、失业等。

二. **协同动词**　表示两个或两个以上的施事共同进行的动作。在"N的V"中,定语是动作者。它们在意义上必须是非单数的。例如:

(7) 一阵枪声打断了我们的交谈。

(8) 他们的分手是无可挽回了。(杨晦,夜读随笔)

这类动词的定语都可以改换为表共同动作的"介词+N"或"N1+介词+N2"的结构。如:

(9) 同军内外许多战功赫赫的将军们的交谈,更使他受到深刻教育。(中青报84,12,9,三)

(10) "我和开仁的相处,不是刚到山庵那会了"。(山,512)

(11) 这是意志和信心的较量。(光,85,4,10,四)

常见的协同动词再如:会谈、会晤、会面、交往、协商、分别、相逢、互助、交替、交锋、团圆、团聚等。

三. **存现动词**　表事物的存在、出现或消失。它们的定语都是存在、出现或消失了的事物。例如:

(12) 韦婉象忘了我的存在,丢下我就走。(小月,83,6,9)

(13) 大姐……为小弟弟的诞生而高兴。(正,17)

(14) 他们在昏昏忽忽之中仿佛感到了唐连长的来到。(老三,389)

(15) 仿佛是照片的消失给妈妈引来了厄运。(小月,83,6,7)

存现动词组成的"N的V",有些也能变成ＶN。如:

革命的发生→发生革命

农民运动的兴起→兴起农民运动

但这些ＶＮ的前面都不加上Ｓ。

Ｖ1a充当谓语时,只能联系一个必有成分,严格地说,这样的动词只有能不能带定语的问题,不存在对Ｓd和Ｏd的选择,把它们归入Ｖ1,目的在于同他类动词做对比分

析。

2.2.2 V1b 都是非单向动词,它们充当谓语时至少能联系 S、O 两个必有成分,但在"N 的 V"中只能带 Sd。我们也从意义上把 V1b 分为三类。

一. **心理动词**　表示心理状态或与心理状态有关的某种态度。例如:

(16) 大家的<u>担心</u>都集中在程先生身上。(山,465)[大家担心程先生,*程先生的担心[4]]

(17) 他们捣了鬼,还要赚我们的<u>感激</u>。(钱钟书,围城,139)[我们感激他们,*他们的感激]

(18) 李静……为的是讨姑母的<u>喜欢</u>。(老一,59)[姑母喜欢李静,*李静的喜欢]

(19) 这成了一道难题,吸引了成千数学家的<u>注意</u>。(徐迟)[数学家注意这道难题,*这道难题的注意]

(20) 在大家的<u>迁就</u>下,美云才半推半就……。(小刊83,5,6)[大家迁就美云,*美云的迁就]

(21) 这些文件……受到了绝大多数人的<u>抵制</u>。(邓,160)[绝大多数人抵制这些文件,*这些文件的抵制]

心理动词再如:爱护、关心、感激、嫉妒、警惕、怀疑、佩服、轻视、重视、赏识、讨厌、体谅、体贴、信赖、相信、羡慕、依恋、赞成、赞同、尊敬、器重、同意、同情、心疼、感激、感谢、原谅、饶恕、背叛、反对、拥护、支持、允许、答应、容许、欣赏等。

二. **言行动词**　表言语行为或身体其他部位的活动。如:

(22) 刘四的<u>诅咒</u>足以教祥子更成功,更有希望。(老三,201)

(23) "……能得到经理的<u>称赞</u>很不容易。"(陆文夫,美食家)

(24) 我只有在他的遗像底下,永远受天伦的<u>谴责</u>,良心的<u>抽打</u>。(82小,389)

(25) 闵教授在女儿的<u>搀扶</u>下送肖梦溪。(苗月,生活从这里开始)

(26) 屠维岳……很坦白地回看吴荪甫的<u>注视</u>。(子,147)

言行动词再如:取笑、嘲笑、嘲讽、唾骂、唾弃、贬低、夸奖、鼓励、奉承、安慰、劝告、劝导、劝说、劝解、祈求、哀求、顶撞、抱怨、埋怨、污蔑、诋毁、诬陷、抨击、挑逗、挑动、引诱、怂恿、挑唆、唆使、纵容、开导、启发、指教、询问、盘问、干涉、束缚、催促、纠缠、恐吓、吓唬、端详、打量、接见、抚摩、勒索、拜访等。

有些动词的意义比较抽象,但它们表示的动作也是通过身体有关部位的活动实现的,也归入这一类。这些动词的S,有时是无生命的事物。如:

(27) 人们的践踏和狂风暴雨我都须忍受。(冰心,分)

(28) "一个女子,你记着,不能受两代人的欺负。"(曹禺,雷雨)

(29) 他任凭情绪的摆布。(中国青年83,3,39)

(30) 他在胃病的折磨中始终没有放弃工作。(巴金,寄朝鲜某地)

这样的动词再如:把持、帮助、协助、打搅、排挤、摧残、压迫、反抗、欺压等。

"命令、请求、吩咐、嘱咐、打算、号召"等是另一种情况。它们有的能做兼语式的第一个动词,有的能带谓词性宾语。这些动词后面的谓词性成分都能转为它们的定语,而体词性成分却不能。如:

命令二营渡江　渡江的命令　*二营的命令

号召我们开发大西北　开发大西北的号召　*我们的号召

我们仍把它们看作V1b,归入言行动词。

三. 影响动词　表一事物对另一事物的某种影响或某种自然力。如:

(31) 艺术的薰陶使他在病中还能找出自卫的办法。(正,11)

(32) 生命受了一种伟大力量的震撼。(中现,180)

(33) 即使最富于同情心的人也无法代替他去受那种特殊职业的煎熬!(玛拉泌夫,女部长)

(34) 在夜色垂柳的掩映下,腊月跳到清澈的河水里。(张一弓,张铁匠的罗曼史)

(35) 他那快要冷却的心就像受到春风的吹拂。(中现,180)

影响动词再如:影响、波及、侵蚀、吸引、感染、驱使、鼓舞、制约、鞭策、激励、笼罩、冲刷、滋润、照耀、照射等。

2.3　V2

V2也是非单向动词,但它只能带Od。V2的数量不多,从意义上也可以分成三类。

一. 致使动词　表能使某事物发生状态、性质、位置、数量等方面的变化的动作、行为。它们的定语都是那些发生了变化的事物。例如:

(36) 课时的缩短促使教师必须认真备课。(人85,2,3,五)[学校缩短了课时,

*学校的缩短]

(37) 市高教办公室抵制不正之风等方面工作的加强,使录取工作顺利进行。(北晚84,8,10,一)[市高教办公室加强了抵制不正之风等方面的工作,*市高教办公室的加强[5])

(38) 这次大会的召开,标志着救灾工作进入了一个新的阶段。[市政府召开了这次大会。*市政府的召开]

(39) 任务的完成将会给我们今后的见面带来更加绚丽的色彩。(鲁光)[我们完成了任务,*我们的完成]

致使动词组成的"NV"转为"VN"后,都能转为"使NV"。如:

工作的加强→加强工作→使工作加强　　课时的缩短→缩短课时→使课时缩短

会议的召开→召开会议→使会议召开　　任务的完成→完成任务→使任务完成

致使动词再如:进行、买观、展开、解放、开动、下达、开展、颁布、颁发、增进、增加、增强、加剧、加重、加速、加快、加深、减少、平息、减弱、发出、减轻、延长、断绝、达成、冻结、折芝、消弱、振兴、解散、达到、具备等。

一些后补格的动词性结构,具有致使性,也可以归入这类。如:

(40) 在《淘金记》中,每一个偶然情节的利用,每一个扣子的挽紧和解开,每个悬念的造成,都像磁石吸引铁屑一样,……。(中现244)

二. 得失动词　表示得到、失去或取消。它们的定语都是得到、失去或被取消的事物。如:

(41) 十五枚金牌的获得,买现了零的突破。(吉84,11,25,二)

(42) 这个胜利的取得,是由于中国共严党领导全体工人阶级执行了……马克思主义政策(邓,172)

(43) 太原、吉林等铁路局的撤消,有利于铁道部的集中统一管理。(中央台85,7,12)

(44) 学位的授予,将由我院学位评定委员会和有关单位审定后进行。(华中师院研究生学报82,210)

(45) 八路军曾经取得了多次的胜利,例如平型关的战斗,井坪、宁武的夺回……。(毛二,349)

得失动词再如:获取、截获、解除、消灭、丢失、排除、丧失等。

三. **结果动词** 表使某事物形成、建立的动作、行为。它们的定语都是这些动作、行为的形成物。例如：

(46) 上学期语文教学计划的制订就是这样进行的。(光84，4，2，二)
(47) 文学精神这一概念的提出，并不是一种凭空的臆想。(文学评论82，5)
(48) 平等条约的订立，并不就表示中国在买际上就已经取得真正平等地位。(毛，论联合政府)
(49) 新局面的开创，要靠全党的共同努力。(人85，11，12，四)
(50) 选修课和劳动技术课的开设，没有影响必修课的学习。(人，85，2，3，五)
(51) 这样分，有利于整个词类系统的建立。(汉语研究论丛，199)

结果动词做V的"N的V"，转为VN后，V后有些能加上"出、起"等表结果的成分。如：

制订出教学计划　开创出新局面　建立起词类系统　设立起暴风警报站

结果动词再如：创立、创设、开辟、创建、开办、设置、订立、制定、拟定、成立、增添、促成、组成、抒发、抒写等。

2.4　V3

2.4.1 V3既能带Sd，又能带Od。在三类动词中，它的数量最多，成员也最复杂。从语义上看，V3同V1b、V2有相通的地方，也有不同之处。下面仍很据意义把V3分为四类。

一. **内容动词** 表示能够形成一定的语言文字内容的言语或文字行为。带定语时Sd是这些行为的执行者，Od是行为所关涉的方面。例如：

(52) 李绍先听着于震海的汇报，一一记下。(山，117)
　　 李绍先听着情况的汇报，一一记下。
　　 (于震海汇报情况)
(53) 预报员的预报，使我们避免了一次船沉人亡的事故。(人84，9，1，二)
　　 台风风向的预报，使我们避免了一次船沉人亡的事故。
　　 (预报员预报了台风风向)
(54) 这里就不是靠推理的作用，而是靠作者的引证和说明了。(语言学论丛八，141)

这里就不是靠推理的作用，而是靠语言现象的引证和说明了。

（作者引证和说明了语言现象）

(55) ……张律师和李教授的答复都有疑义。（子，56）

这两个问题的的答复都值得怀疑。

（张律师和李教授的答复了这两个问题）

内容动词再如：预告、解释、解说、宣传、论述、批注、评注、认识、描写、统计、探讨、推断、论证、计划、构思、检讨、讲解、介绍、总结、规划、补充、讨论、考证、规定、回忆等。

内容动词同Ⅴ1b的言行动词中表言语活动的动词有相似点，两者都表言语活动，都产生一定的内容，但Ⅴ1b的那些动词是表明S对O的某种态度的，内容动词则重在说明O本身的情况；言行动词产生的内容都是零散的言语，内容动词则往往形成一定规模的文字材料。

二. **处置动词** 表示对某事物进行处置，使之发生性质、状态、数量、位置等方面的变化。带定语时，Sd是处置者，Od是受到处置而发生变化的事物。例如：

(56) 党委的处理是正确的。

党委不必干预一般案件的处理。（人，83，4，21，三）

(57) 我的改革有什么错？（陆文夫，美食家）

文化的改革，如长江大河的流行，……。（鲁迅，从别字说开去）

(58) 原著固然好，夏衍的改编也是成功的。

《祝福》的改编就是一个名著搬上银幕的例子。

(59) 毛笔传说是秦将蒙恬发明的，大约是经过他的改造。（中学生阅读文选，304）

三五个同志……谈社会和自然的改造。（吴伯箫，菜园小记）

(60) 大家动一动，按老傅的划分赶快换换！（水运宪）

机器词典中词的划分是根据"类属组三级分类法"进行的。（语言研究，82，1，10）

处置动词再：校正、校订、修订、修改、批改、删改、修正、破坏、压缩、调整、整顿、拘留、押送、流放、追踪、判决、管制、提审、审判、审理、宣判、监护、分配、检修、疏浚、修补、修剪、整理、化验、利用、使用、调剂、轮训、提升、治理、改选、救护、保护、管理、教育、核对、复查、训练、指挥、指导、编辑、导演、调度等。

处置动词同V2的致使动词都能使事物发生变化,但致使动词表示在外力作用下,O本身怎么样、发生何种变化;处置动词则强调S把O怎么样、对O做何种处置。致使动词都能进入"使NV"的格式,处置动词不能。

三. **汇集动词**　表示以得到、汇集特定的物品或人员等为目的的动作行为。Sd是这些动作行为的发出者,Od是得到或汇集来的物品、人员。例如:

(61) 经过他们的<u>收集</u>,散失在各地的伪满洲国文物已经找到了一千多件。(吉,84,11,25,三)

在转入编写时,资料的<u>收集</u>仍须持续不断地进行。(中国语文,78,2,134)

(62) 为方便读者的<u>邮购</u>,本社在永福路122号设有外地读者服务部。

本书的<u>邮购</u>由读者服务部办理。

(63) 据笔者的<u>了解</u>,赵先生只提出了及物和不及物动词。(语教研,80,2,48)

任何一个部门的工作,都必须先有情况的<u>了解</u>……。(毛泽东,改造我们的学习)

(64) 这里的一切……都要听凭她王守信的<u>调遣</u>。(刘宾雁)

派刘芳亮负责各路人马的<u>调遣</u>。

"Od+的+汇集动词"的结构转为VN后,V后可以加上"到、来"等表示结果的成分。如:

搜集<u>到</u>几种贝壳　　了解<u>到</u>很多情况　　召集<u>来</u>部族首领　　调遣<u>来</u>各路兵马

汇集动词再如:预定、预约、征集、征购、招募、联络、组织、动员、运输、联系、寻找、探测、探求、侦察、观察、考查、学习等。

这类动词同V2中的得失动词表的动作都导致O的位移。如:"中国队获得金牌"是"金牌"移向"中国队","国家征购粮食"是"粮食"移向"国家"[6]。但结果动词突出的重点是移动的结果,收集动词则重在说明得到或汇集来的方式。因此,收集动词都可以充当表示动作手段的介词"通过"的宾语,而结果动词不能。如:

通过收集／预订／联络,我们找到了很多书／人

*通过获得／取得／获取,我们有了十五枚金牌。

四. **提选动词**　表示把一事物从另一事物中提取出来,使之从隐到现的动作行为。Sd是提取者,Od是被提取出来的事物。例如:

(65)组织部门的<u>选拔</u>应该和群众的推荐结合起来。(人84,9,13,二)

干部的<u>选拔</u>,一定要坚持德才兼备的要求。(人84,11,21,四)

(66)经过胡道芬的<u>提选</u>,这一千粒稻种中只有50粒是合乎要求的。

从六十年代起。他们就很注意耐旱、早熟品种的<u>提选</u>。

(67)通过《晓唱》的<u>揭示</u>,我们对木朴大郎那种畸形的精神状态有了较深的认识。

这篇文章……考虑到语法意义的<u>揭示</u>。(现代汉语参考资料〈下〉,128)

(68)这是与母校的<u>培养</u>分不开的。(光84,12,15,二)

白云山制药厂很重视人才的<u>培养</u>[7]

"Od+的+提选动词"的结构转为ⅤN时,V后都可以加上表示结果的"出"。如:

选拔<u>出</u>第三梯队　提选<u>出</u>早熟品种　揭示<u>出</u>语法意义　培养<u>出</u>人才

提选动词和V2的结果动词都能产生一定的"形成物',但从意义上看,结果动词的形成物都是"从无到有"的。如"设立了暴风警报站"、"开办了音乐茶座"中的"暴风警报站"和"音乐茶座"在"设立"和"开办"前并不存在,而提选动词的"形成物"则是从另一事物中提取出来或显露出来的。结果动词的表义重点在结果,提选动词更强调提选的方式、过程,因此,提选动词也都能做"通过"的宾语,而结果动词不能。

提选动词再如:挖掘、开采、选举、推选、推举、推荐、评选、搜查、提取、概括、归纳、开掘、开凿、开垦、开发、计算、培训等。

2.4.2　V3既能带Sd又能带Od,由它们做V的"N的V"是一种语法形式容纳两种语义结构。即:N的V3{Sd的V或Od的V}。所以,如果某个N同V3既能构成施动关系,又能构成受动关系,这个N+V3组成的"N的V"就有歧义。例如:"候选人的选举"可以是"别人选举候选人的选举",也可以是"候选人选举别人的选举";"胡适的批判"既可以是"胡适批判别人的批判",也可以是"别人批判胡适的批判"。同类的例子再如:

苏联的<u>介绍</u>(情况的<u>介绍</u>)　　　郭沫若的<u>研究</u>(古文字的<u>研究</u>)

母亲的<u>回忆</u>(往事的<u>回忆</u>)　　　队员的<u>调整</u>(阵容的<u>调整</u>)

同案犯的<u>检举</u>(罪行的<u>检举</u>)　　这家公司的<u>宣传</u>(政策的<u>宣传</u>)

智力超常儿童的<u>发现</u>(特大石灰石矿的<u>发现</u>)

考古学家的<u>清理</u>(沉船的<u>清理</u>)　科技人才的<u>调剂</u>(紧俏商品的<u>调剂</u>)

我的<u>改造</u>(杨朔)(工业锅炉的<u>改造</u>)　航天工业部的<u>改革</u>(干部制度的<u>改革</u>)

三中全会的<u>总结</u>(成绩的<u>总结</u>)　　　机器人的<u>设计</u>(住宅的<u>设计</u>)
汽车的<u>运输</u>(钢材的<u>运输</u>)

我们注意到，上述各例中的"N"都是有生名词[8)]或指机器人、汽车等指能够在人的操纵下发出动作的物品的名词(以下合称为有生名词)。根据观察，只有能同有生名词构成施受两种关系的V3带这些名词充当的定语时，才会产生上述歧义[9)]如果把这些N换成括号里的非有生名词，则歧义消失。

有的V3同有生名词只能构成施动关系，不能构成受动关系，这样的V3不能造成歧义结构。如以下各例都没有歧义。

采购员的<u>采购</u>　　　领导的<u>归纳</u>　　　小李的<u>删改</u>　　我的<u>整理</u>
矿工们的<u>开采</u>　　伪皇宫陈列馆的<u>征集</u>　　顾客的<u>解释</u>　　园艺工人的<u>修剪</u>

对于这些V3来说，有生名词和非有生名词在定语的位置上形成互补：有生名词只做Ｓd，非有生名词只做Ｏd。以下有时把有歧义的"N的V3"记作"N的V3q"，把没有歧义的记作"N的V3w"。

有一些V3的S和O都只能是有生名词，但它们构成的一些"N的V"也没有歧义。如：

父母的<u>赡养</u>　　子女的<u>赡养</u>　　国务院总理的<u>召集</u>　　人大常委会的<u>召集</u>

这是由动词的某些义素和背景知识决定的。如果把上几例中的N都换成不能标明身分、地位的其他有生名词，如"张三们"，则歧义又会出现。

2.5　至此，我们例举了三类动词的各个小类，描述了它们的特点。除了V1a外，这些动词都是至少能联系Ｓ、Ｏ两个必有成分的及物动词，为什么它们带定语时会呈现上述差别呢？我们认为，组合上的这种差别，根源于聚合，根源于V1、V2、V3的不同语义特点。

2.5.1　动词的所指可以概括为过程和状态，这些过程和状态都要通过特定的人、事、物来体现。以V1a为例，"他的到来"中的"到来"走由"他"来体现的；"水位的下降"中的"下降"是由"水位"来体现的。没有"他"和"水位"，"到来"和"下降"就无从实现，"他"和"水位"可以称为这两个动词的体现者。动词(实际上是动词的所指)都有自己的体现者。V1a做谓语时，体现者是它的必有成分，充当主语，进入"N的V"

之后，体现者是N，充当它的定语。把两者联系起来看，主语转成了定语。从1.1谈的变换关系也可看出，动词的陈述性用法和指称性用法是互相联系的，"N的V"中的N同S和O的转换，实际上是动词的定语同主宾语之间的转换。由于"Od 的V"转成的VN也能转成NV，所以这种转换最终又可以归结为定语和主语之间的转换。根据这些，我们假定：

i. 动词的体现者可以充当定语。

ii. 动词做谓语时的主语可以转为定语。

2.5.2 V1b 包括三类，心理动词和言行动词表示的状态和行为的共同点是都存在于S本身或由S本身来体现。"甲羡慕乙、甲夸奖乙"，是甲对乙的某种反应；"甲帮助乙、甲压迫乙"是甲主动施加于乙的行为，它们都不能由乙来体现。V1b的另一类影响动词实际上是S本身所具有的能够导致某种过程的作用，如同磁石对铁的吸引作用存在于磁石而不存在于铁一样，这些动词的体现者也是S。

V1b的体现者是S而不是O，也可以通过它充当谓语时的主语来证明。一般认为，动词的S和O都可以做它们的主语，但是在最小的主谓结构中，V1b的主语只能走S，不能走O。例如：

他<u>相信</u>人民警察	他相信	*人民警察相信[10]
我<u>赞美</u>白杨树	我赞美白杨树	*白杨树赞美
泉水<u>吸引</u>着行人	泉水吸引	*行人吸引
美国<u>帮助</u>他们	美国帮助	*他们帮助

这说明，不止V1a，就是V1b这样的非单向动词，在"N的V"同对N的选择同在主谓结构中对主语的选择也是一致的。V1b所以只能带Sd，不能带Od，从语义上看，是因为它的体现者是S，而不是O；从形式上看，是因为它的O不能做主语。这样，上文的假定得到了初步的证实。

2.5.3 再看V2。致使动词在ＳＶＯ中出现时，它所表示的动作、变化并不直接由S实行，而是通过S的某种行为使O实行。"这个公司加快了南海石油工程的步伐"，"加快了的"是"工程步伐"，而不是"这个公司"。"我们开展了环保活动"，"开展"的是"环保活动"，而不是"我们"。"这个公司"、"我们"是使加快，使开展者。作为S，它们所起的作用在于"惹起"动作，而不是体现动作。换言之，致使动词是由O，而不是由S来体现的。

34

得失动词表示事物的得到或失去,结果动词表事物的形成,总的说,它们都是对某一事物(包括得到物、失去物、形成物)的现存状态的描写,都是由代表这些事物的O来现的。在ＳＶＯ中,得失动词的S是得到或失去了事物的受益者或受损者,并不体现动词所表示的状态;结果动词的S虽然施行某些动作,但它的主要作用在于促成结果动词所表示的状态的实现,也不体现这些状态。

V2 的体现者走O,同样可以通过它们对主语的选择来证明。V2 在最小的主谓结构中只选择O,带S主语时要依赖其他条件。例如:

A	B	C
这个公司加快了建设步伐	建设步伐加快了	?这个公司加快了
我们开展了环保活动	环保活动开展了	?我们开展了
国家增加了投资	投资增加了	?国家增加了
杰马耶勒取消了访问计划	访问计划取消了	?杰马耶勒取消了
中国队夺得了十五枚金牌	十五枚金牌夺得了	?中国队夺得了
两国订立了友好条约	友好条约订立了	?两国订立了

B 组都是自由的,C 组在对比句或答句中有可能出现外,作为主谓结构单独不能说[11]。这表明,V2 所以只能带Od而不能带Sd,是因为O是它的体观者,并能自由地做它的主语。2.5.1 的假设得到了进一步的证明。

2.6　C·J·Fillmore 在谈到拉丁语等语言的动词的施事、受事转为属格的规则时曾经认为,"对转为属格的成分如果有带普遍性的制约条件的话,那么究竟有些什么样的带普遍性的制约条件,这还完全不清楚。"我们觉得,"N的V"中的N,大致相当于这些语言中动词的属格成分,根据前面对V1、V2 的观察分析,我们可以从意义和形式两方面对双音节动词的S、O转为定语的条件做出初步的归纳:

Ⅰ.　动词的体现者能转为定语。

Ⅱ.　能在最小的主谓结构中自由地充当主语的成分能转为定语。

2.7　有了Ⅰ、Ⅱ,对V3 的观察可以相对简化。

2.7.1　这类动词的O都有Ⅱ,这就决定了V3 都能带Od。例如:

人数<u>统计</u>了	人数的<u>统计</u>
情况<u>汇报</u>了	情况的<u>汇报</u>(以下"N的V"格式略)
经营方式<u>改革</u>了	犯人<u>拘留</u>了
资料<u>收集</u>了	飞机票<u>预订</u>了
要点<u>归纳</u>了	石灰石<u>开采</u>了

2.7.2 用 I、II 说明 V3 带 Sd 的现象,还有一定的困难。据 I,可以认为 S 也是 V3 的体现者,换言之,可以认为 V3 的体现者有 S、O 两个,但 O 有 II,S 却没有。由 V3 带 S 主语的主谓结构 V2 的情况大体相同。一般也要作为答句和对比句才能使用。例如:

小李<u>统计</u>了	于震海<u>汇报</u>了
他<u>改革</u>了	公安局<u>拘留</u>了
编辑部<u>收集</u>了	他<u>预订</u>了
领导<u>归纳</u>了	矿工们<u>开采</u>了

对此,我们尚未找到理想的解释,目前可以指出以下几点:

(1)从 2.4.1 列举的 V3 的各个小类与 V1b 的相同点和与 V2 的相异点来看,内容动词的大部分表言语活动,同于 V1b 的言行动词;处置动词强调 S 的处置,汇集动词、提选动词强调 S 的动作方式,异于 V2 的说明、描写 O 的变化和状态,这都表明它们是 S 发出的主动性很强的动作,是可以通过 S 体现出来的。

(2)如果联系词的结构方式,进一步对比 V2 和 V3,还能看到,V2 中后补结构的词占大多数,它们在意义上是把行为及其结果在一个词中表示出来,突出的重点是结果。(结果动词的一部分不是后补结构,但这些词本身都表能产生结果的动作、行为。)V3 中并列式和偏正结构的词居多,它们大都表示一个连续的过程,做谓语时,V3 的后面大都能加上表动作持续的"着"或表动作持续时间的时量成分。如:

<u>汇报</u>着情况	<u>解释</u>了<u>半天</u>	<u>处理</u>着积压的案子	<u>修改</u>了<u>四个星期</u>
<u>调遣</u>着各路人马	<u>动员</u>了<u>一个小时</u>	<u>开采</u>着沉睡的乌金	<u>培养</u>了<u>三年</u>

V2 一般不能加上这些成分[12]。V3 表连续过程的语义特点也有助于说明它是可以通过 S 的连续动作来体现的。

(3)V3 所表示的动作行为,多属于稳固性较强的政治、经济、文化、科学等方面的社会活动或工作,这使它们用于指称的频率很高,并使其中的一部分分化出了同形的名

词。例如：

V	N
<u>统计</u>人数	三份<u>统计</u>
<u>总结</u>成绩	一份<u>总结</u>
<u>描写</u>自然风物	几行<u>描写</u>
<u>建筑</u>高级旅馆	远近是许多复杂的工厂<u>建筑</u>(杨朔散文选75)
<u>组织</u>群众	那三个<u>组织</u>都解散了
<u>贡献</u>青春	马克思的两个<u>贡献</u>
<u>编辑</u>了两次	报社的<u>编辑</u>
<u>指挥</u>战斗	指挥员好比乐队的<u>指挥</u>(巴金)
<u>指导</u>她们	"袁<u>指导</u>"(鲁光，中国姑娘)
<u>调度</u>车辆	陈<u>调度</u>

V1b 多指个人的活动，V2 描写某种结果状态，它们分化出同形名词的情况少见。这说明V3 和V1b、V2 具有不同程度的可指称性。程度较高的可指称性，或许也是导致V3 能带两类定语的一个因素。

3. 四类"N的V"结构

3.1 通过前面的例举和分析不难看出，"N的V"结构实际上是一个包括三个成员的类。即：N的V｛N的V1、N的V2、N的V3｝

如果某个成分"N"同V1—V3 在意义上能构成施动和受动两种关系，那么它在"N的V1"里只能是Sd，在"N的V2"里只能是Od，在"N的V3"里则有成为Sd和Od 的两种可能。很明显，在"N的V"结构中，定语的类是由中心语(即动词)的类决定的。换言之，在这种偏正结构里，被修饰成分的类决定修饰成分的类。这是"N的V"结构同其他体词性的偏正结构(如"N的N""N的A"" A的N"结构)的一个重要区别。

3.2 从V的角度看，"N的V'结构包括三个成员，如果兼顾N，那么两类定语和三类动词组合，可以构成四类"N的V"结构，即：

[1] Sd+V1（以下记作Sd1，有时分别记作Sd1a、Sd1b）

[2] Sd+V3（以下记作Sd3）

[3] Od+V3（以下记作Od3））

[4] Od+V2（以下记作Od2）

为叙述方便，以下有时把[1]、[2]合称为S类结构，把[3]、[4]合称为O类结构，把[2]、[3]合称为V3类结构。

3.3 由于V的类别和结构内的语义关系不同，四类"N的V"结构在扩展形式和外部功能上也存在着对立。这些对立又反证了我们对N、V及"N的V"结构的划分，显示出这种结构在不同语言平面上的特殊性和复杂性。下面就分别讨论这些对立。

4. 扩展形式

4.1 Sd1、Sd3、Od3、Od2都是"N的V"结构的简单形式，它们还能进行扩展。例如：

(1)他的研究 —— 他对古文字的研究

(2)杂技团的演出 —— 杂技团上个月的演出

(3)季先生的考察 —— 季先生十几年的考察

(4)他们的相会 —— 他们在桃树林里的相会

(5)姑母时到来 —— 姑母的突然到来

(1)是Sd和Od共现，(2)是N和表时点的定语共现，(3)是N和表时量的定语共现，(4)是N和表处所的定语共现，(5)是定语和状语共现。

4.2 同"N的V"结构的简单形式一样，它的扩展形式也能转换为陈述性结构。扩展时添加的成分都同V做谓语时的相关成分有变换关系。如：

他对古文字的研究 —— 他研究古文字

杂技团上个月的演出 —— 杂技团上个月演出

季先生几十年的考察 —— 季先生考察了几十年

他们在桃树林里的相会 —— 他们在桃树林里相会

姑母的突然到来 —— 姑母突然到来

下面依次讨论这些扩展形式。

4.3 Sd和Od共现

4.3.1 Sd和Od共观是指Sd和Od共同出现在V前，组成a、b两种格式：

a. 农民对土地的热爱

　他对古文字的研究

　政府对文艺工作者的关怀

b. 对土地的热爱

　对古文字的研究

　对文艺工作者的关怀

b式中虽未出现Sd，但都能补出Sd，我们也看作共现形式，认为是a式的省略。在a、b两式中，"对/对于"（以下除例句外合写为"对"。）都是必有的，没有它们，a式不成结构。如：

　农民对土地的热爱 —— *农民土地的热爱

　他对古文字的研究—— *他古文字的研究

b式则不成结构或改变结构类型。如：

　对土地的热爱 —— *土地的热爱

　对古文字的研究 —— 古文字的研究

　对文艺工作者的关怀 —— 文艺工作者的关怀

4.3.2 有Sd和Od共观形式的，是Sd1b和V3类结构[13]。Sd1b的例子如：

(1) 多谢各位对正达的信赖。（山，579）

(2) 我们对于他的憎恶和轻视，是在明显的敌人之上的。（鲁迅，答戏剧周刊编者信）

(3) 草签并不表示缔约各国对条约的同意。（辞海，577）

(4) 方渐鸿说这些话，都为着引起自己对他的注意。（钱钟书，围城，53）

(5) 她对加林住屋的凝视使我们感受到了……巧珍内心的悲切。（光，84，10，27，四）

(6) 它能缓和列车对轨道的冲击。（现，217）

以上为a式，下面是b式：

(7) 我并没有放松<u>对她</u>的警惕……。（人民又学, 80, 10, 48）

(8) 他的朴素的话语中流露出<u>对民族对祖国</u>的热爱。（巴金,我们会见了彭德怀司令员）

(9) 这在杜宇诗看来，简直是<u>对于他老叔</u>的侮辱。（子, 430）

(10) 这却被视为<u>对于他</u>的权威的侵犯了。（刘宾雁,应是龙腾虎跃时）

4.3.3 "对"作为介词，还可以加在'N的V'前面与之组成介词结构。因此，孤立的"Sd对＋Od＋V1b"和"对＋Od＋V1b"，有时是层次和意义不同的同形结构。如：

　　他对亲人的＋依恋　　　对于女排的＋祝贺

　　他对＋亲人的依恋　　　对于＋女排的祝贺

这种结构进入组合后，层次一般即行确定，排除了另一种可能。如：

(11) <u>安然对班长的谅解</u>就是这种认识的银幕再现。（中青报, 85, 2, 3, 四）

(12) 这样一想，<u>对虎妞的要胁</u>似乎不必反抗了。（老三, 93）

(11)的"安然对班长的谅解"是共现形式a，(12)是介词结构"对+虎妞的要胁"。有时，进入组合后层次仍不能确定。如：

(13) <u>我对香港报纸的夸奖</u>，心里是有数的。（北晚, 84, 11, 10, 一）

(14) <u>对于别人的污辱</u>，一开始，阿Q也是"估量了对手，口讷的他便骂，气力小的他便打"。（中现, 39）

(13)可以是"对香港报纸的＋夸奖"，意为"我夸奖香港报纸，我心里有数"；也可以是"对＋香港报纸的夸奖"，意为"香港报纸夸奖我，我心里有数"。(14)类此。

一些论著把造成上述歧义的原因归结为"对"和"的"的用法[14]，我们的观察表明，这还和N与V之间的语义联系有关。就Sd1b来说，形成歧义的充要条件是N和V之间有可能构成施动关系，否则歧义不会产生。如：

　　对联产承包制的拥护　　　　对《子夜》语言的非难

　　a. 对联产承包制的＋拥护　　a. 对《子夜》语言的＋非难

　＊b. 对＋联产承包制的拥护　＊b. 对＋《子夜》语言的非难

　　对于这种行为的容忍

　　a. 对于这种行为的＋容忍

　＊b. 对于＋这种行为的容忍

凡这种没有歧义的 b 式,都是去"对"后不成结构的[15]。

4.3.4 V3 类结构的共现形式。a 式如:

(15)……故事的进行是快速的,<u>但作者对任务和场景的描写</u>却一丝不苟。(胡乔木,《序新版无望村的馆主》)

(16) "我深深感谢<u>教授对我的培养</u>!"(苗月,生活从这里开始)

(17) 以上这些,就是<u>我们对中国革命动力的分析</u>。(毛,609)

(18) "好,<u>我对你们的采访</u>完了,现在你们采访我吧"。(光,85,4,10,一)

(19) ……干脆就在这个会上宣布……<u>部党组对胡万通的提升</u>。(蒋子龙,拜年)

b 式如:

(20) 所有的企业,应都有<u>对工作的评比</u>和考核。(邓,141)

(21) 通过<u>对月岩年令的测定</u>,说明月球诞生的时间和地球一样。(观代化,82,10)

(22) 从<u>对《文心雕龙》的研究</u>看古代文论的特点。(光,84,7,3,三)

(23) 这是一个来自<u>对生活的开掘</u>,而不是来自教科书的……活生生的人!(杨晦,夜读随笔)

4.3.5 在 V3 类结构的 b 式中。"对"仍有构成共现形式和标明意义关系的两种作用,但同 S V 1b 的情形已有不同,这表现在:

1. 对由"N 的 V3w"构成的 b 式来说,"对"只起单纯的形式作用,不改变 N 和 V 的意义关系。因此,组合中的这类 b 式,如前面的(20)—(23),"对"一般可以去掉。

2. 对由"N 的 V3q"构成的 b 式来说,"对"有标明意义关系的作用,去掉后往往造成意义不清。如:

(24) 尽管彭德怀同志有缺点,<u>但对彭德怀同志的处理</u>是完全错误的。(邓,259)
　　?尽管……,但彭德怀同志的处理……。

(25) <u>对冯梦龙的了解</u>基本上停留在三十年代的研究水平上。(文学报,84,11,15,三)
　　?冯梦龙的了解……。

4.3.6 V3 类结构的 a、b 两式中,也存在 4.3.3 谈到的歧义现象。与 S d1b 不同的是, V3 类结构造成歧义的充要条件是 N 和 V 之间有构成受动关系的可能。如:

　　她对指导员的调动　　　　　　对单据的审核
　　a. 她对指导员的＋调动　　　　a. 对单据的＋审核

b. 她对＋指导员的调动　　　　　　b. 对＋单据的审核

这种结构进入组合后，有时歧义也不能消失。如：

　　(26) 连爸爸也没有想到，<u>安然对美术作品的分析</u>，竟是这样内行。(小月，83，6，19)

　　(27) <u>对张墨林的研究</u>，他的热心原本是很小的一会儿。

(26)(27)都可以有两种切分，具体分析从略。

　　如果N和V之间没有构成受动关系的可能，则不能构成Sd和Od共现的形式，当然也不会产生歧义。如：

　　　　他对采购员的<u>采购</u>　　　　　　对老王的<u>改编</u>

＊a. 他对采购员的＋采购　　　　　＊a. 对老王的＋改编

　　b. 他＋对采购员的采购　　　　　　b. 对＋老王的改编

　　由此看来，N和V之间可能存在的受动关系，不仅是构成歧义结构的充分条件，也是构成V3的b式的充要条件[16]。

4.3.7 Od2 没有施受定语共现的形式。

　　我对初稿的完成　这个厂对节约挖潜运动的开展　中国队对胜利的取得

都是跨段的两个非直接成分，不是a式，其中的"对＋Od2"是介词结构，不是b式。

　　对机器的开动　　对任务的下达　　对农民负担的加重

　　对协议的达成　　对花色品种的增添

等也都是"对＋(N的V)"，而不是"(对＋N的)V"，不是b式。"我原稿的完成、这个厂节约挖潜运动的开展"中的"我"、"这个厂"同"完成"和"开展"可能分别有施动关系，但这不是它们出现在这里的必要条件。它们是作为同"原稿"、"节约挖潜运动"有领属关系的定语在这里出现的，两个结构的层次是："我原稿的＋完成、这个厂节约挖潜运动的＋开展"，仍是Od2。如果两个N没有领属关系，那么即使前一个N是V的施事，它也不能在这一位置上出现。如不能说：

　　马云掏宝网的创立　　　　　　部队边境叛乱的平息

　　山西队冠军的夺回　　　　　　他们警报的解除

4.3.8 Sd1a 没有施受定语共现的问题[17]。

4.4　多项定语共现

　　4.4.1 多项定语是指时点定语、时量定语、处所定语和N共现的格式。这类格式不

多见,我们不准备详细讨论,只想说明两点:

[1]. 能受时点定语、时量定语、处所定语修饰的动词,都是能进入"N的V"的动词;"时点、时量、处所定语+V"的格式中,都能再补出Sd或Od。

时点定语+V。如:

(28)他想起了<u>那天晚上</u>的谈判,……。(82小选,271)

　　他想起了<u>他们</u>那天晚上的谈判,……。

(29)对于<u>当年</u>的援助,灾区人民都没有忘记。

　　为于<u>全国各地</u>过去的援助,……。

时量定语+V 。如:

(30)<u>几天</u>的容忍缄默似乎不能再维持……。(老三,125)

　　他几天的容忍缄默……。

(31)<u>二十五年</u>的研究,使他对唐朝的典章制度有了相当深刻的了解。(人,83,4,27,六)

　　二十五年的<u>古代文化史</u>的研究,……。

处所定语+V。如:

(32)想到<u>龙泉口</u>的惜别、<u>桃树林里</u>的相会,……。(山,87)

　　想到<u>他们</u>在龙泉口的惜别、桃树林里的相会,……。

(33)泛指<u>文艺作品中</u>的描写十分生动。

　　……文艺作品中<u>人物</u>的描写十分生动。(现,464)

根据这些用例,我们可以把没有N的格式视为三种共现形式的省略。

[2]. 处所定语可以在各类"N的V"中出现,时点定语、时量定语不能在Od2中出现。三类定语在不同的"N的V"中有不同的位置。

一. 在S类结构中,它们一般放在N后。例如:

(34)我们两党<u>过去</u>的争论一风吹了。(邓,279)

　　?<u>过去</u>我们两党的争论……。[18]

(35)他把我<u>当初</u>的改革,发展到登峰造极! (陆文夫,美食家)

　　?……<u>当初</u>我的改革。……!

(36)谢娜挡住了对方选手昨天的进攻。

?……挡住了<u>昨天</u>对方选手的进攻。

以上是时点定语与Ｓｄ共现的例子。时量定语与Ｓｄ共现的用例如：

(37)这个社会，凭他<u>几个月</u>的观察来说，是个大泥塘。（老三，238）

?……，凭<u>几个月</u>他的观察来说……。

(38)我们的经济工作受到了他们<u>十年</u>的干扰破坏。（邓，209）

?……受到了<u>十年</u>他们的干扰破坏。

(39)经过沈大夫<u>一个月</u>的按摩治疗，老母亲已经恢复健康。（吉，85，1，24，三）

?……<u>一个月</u>沈大夫同志的按摩治疗，……。

处所定语与Ｓｄ共现。如：

(40)您<u>在弗莱堡</u>的停留，在科学方面……做出了巨大的贡献。（光，85，3，2，三）

?<u>在弗莱堡</u>您的停留，……。

(41)我们……感觉作者<u>在人生路上</u>的思考。（中青报，84，12，9，二）

?……<u>在人生路上</u>作者的思考。

(42)他<u>在上海</u>的屠杀就是一个例证。（茅盾，我走过的道路，328）

?<u>在上海</u>他的屠杀……。

二．在Ｏ类结构（ＯＶ3）中，时点、时量定语只能放在Ｎ前。时点定语如：

(43)<u>三十年前</u>主宾语问题的讨论仍在继续。

?主宾语问题的<u>三十年前</u>的讨论……。

(44)评委们谈到<u>最近几年</u>广播剧的编写、录制时说：……。（中央台，84，12，12）

?评委们谈到广播剧<u>最近几年</u>的编写、录制时说：……。

时量定语如：

(45)<u>三年</u>的养蚕情况的调查没有白搞

?养蚕情况的<u>三年</u>的调查……。

(46)经过<u>八个月</u>的基本技能的训练，孩子们有了不同程度的进步。（中青报，5，30，二）

?经过基本技能<u>八个月</u>的训练，……。

处所定语在Ｏ类结构中的位置不固定。例如：

(47)辨证规律<u>在艺术创造上</u>的运用。（秦牧）

(48)谈谈语法<u>在训诂中</u>的应用（人大影印资料，语言文字学，84，8，93）

(49)谈谈<u>《西游记》中</u>谚语的引用。（语言研究论丛）

以上三例均为文章标题。

(50)这些制度<u>在一些公司</u>的建立，证明了西方的管理理论是正确的。

(51)环保法<u>在各地</u>的宣传贯彻，却遭到了一些企业的干扰。

似乎可以说，这种共现形式单用（做标题）和做宾语时，处所定语在N的前后两可，如(47)—(49)；做主语时则只能放在N后，放在N前就变成全句修饰语了，如(50)(51)。

4.4.2 Od2没有和时点定语、时量定语共现的形式。

去年成绩的取得　　　一个月任务的完成

是"（去年＋N／一个月＋N）＋Od2"，"去年"和"成绩"、"一个月"和"任务"有修饰关系，如没有修饰关系，则这种结构不成立。如不说：

上个月太明眼镜店新楼的建成　　昨天七点资格的取消　　三个月文件的下达
十年金牌的取得　　　　　　　　一个星期局面的促成

4.5 定语和状语共现

4.5.1 各类"N的V"的V前，都可出现状语，构成"N的状V"格式。格式中的"状"都是由V做谓语时的状语转成的，但不是所有的状语都能转入"N的V"。能转的有形容词，如：

顺利完成了任务→任务的<u>顺利</u>完成

某些表情态、否定、重复的副词，如：

她忽然转变了→她的<u>忽然</u>转变

对桂长林不满意→对桂长林的<u>不</u>满意（子，197）

阻止这事再发生→阻止这事的<u>再</u>发生（山，53）

动词的短语，如：

他抱病推荐了这篇文章→他的<u>抱病</u>推荐（胡乔木）

等等。

有些状语不能转。如时间词、处所词充当的状语只能转为定语。时间副词也不能转。如：

我永远支持你的写作→?我的<u>永远</u>支持

马上开设了读者服务部→?读者服务部的马上开设

　　他一直研究中国文学史→?他的一直研究　?中国文学史的一直研究

程度副词同样不能转。如：

　　老张尤其帮忙→?老张的尤其帮忙

　　领导非常赞成→?领导的非常赞成

　　稍微增加一些贷款→贷款的稍微增加

　　这一派学者不大讨论具体问题→?这一派学者的不大讨论、?具体问题的不大讨论。

做状语时必加"地"的形容词不能转。如：

　　他激动地批评了小李→?他的激动(激动地)批评　　?小李的激动(激动地) 批评

　　我荣幸地通知阁下→?我的荣幸(荣幸地)通知　　　?阁下的荣幸(荣幸地)通知

　　老人高兴地答应了→?老人的高兴(高兴地)答应

　　4.5.2 能转换的状语，按照它们同主语、动词的意义关系和变换形式，主要可以分为两类：一类是描写主语的，称作状S；一类是修饰动词的，称作状V[19]。前者如：

　　与会者热情赞扬了王永明⊆与会者热情⊆与会者是热情的（⊆表含有）

后者如：

　　他具体探讨了这个问题*⊆他具体*⊆他是具体的

　　"热情"是状S，状S都有变换式a或b；"具体"是状V，状V没有这两种变换形式。S类结构中既可以出现状S，也可以出现状V；O类结构中只能出现状V。

　　4.5.3 Sd1 中出现状S的例子。如：

　　(52)他的热心帮忙敢情是为多吃一口。(老三, 464)

　　(53)放炮的技巧理应得到四邻的热情夸赞。(正, 16)

　　(54)这些划分，取得了人民的真心拥护。(毛泽东, 论联合政府)

　　(55)昆兰受到了政府领导的亲切接见。(中青报, 84, 4, 17，二)

　　(56)杨振声展现了那些生活于社会底层的人的含泪挣扎。(中现, 250)

出现状V的例子，如：

　　(57)由于我的意外出现使她陷入窘迫地步。(82 小, 35)

　　(58)……，我为咀咒这些渣滓的早日灭亡而刻画了它们。(巴人, 文学报, 84, 11, 15, 三)

　　(59)痛痛地哭了一顿，加上母亲和姐姐的苦苦劝导，桃子止住了哭泣。(山, 428)

(60) 那时台儿沟的姑娘……，也用不着回答人家的再三盘问。(82 小, 133)

4.5.4 Od2 中只出现状 V。如：

(61) 香港问题的圆满解决，为香港继续保持繁荣稳定提供了坚实的基础。（光, 85, 3, 17, 二）

(62) 词类里面"半实词"和"半虚词"的正式提出，就是一例。(中国语文, 83, 4, 308)

(63) 作者把那思念之情的偶然一现如实地写出来，就像是刹那间一个问题的突然想起。（中现, 217）

(64) 随着……经济责任制的普遍建立……。

状 S 不能转入 Od2。例如：

他们热心解决遗留问题→*遗留问题的热心解决

这个厂认真建立了经济责任制→*经济责任制的认真建立

我坚决完成任务→*任务的坚决完成

李龙海热情开办文化室→*文化室的热情开办

4.5.5 两类结构对状 S 和状 V 的选择，在 V3 类组成的定状共现格式中表现得尤为明显。例如：

(65) 这盆花之所以受到父亲的称赞，……在于内山夫人的精心培育。（新, 81, 10, 194）

"精心"是状 S，因此，能说"这盆花的培育"，不能说"这盆花的精心培育"。

同类的例子再如：

科学家们的辛勤探索　　　　他的用心整理

*飞碟的辛勤探索　　　　*这批材料的用心整理

人民的严厉审判　　　　苏阿芒的刻苦学习

*罪犯的严厉审判　　　　*世界语的刻苦学习

如果是状 V，则在 Sd3 和 Od3 中都能出现。例如：

(66) 以上是我们对这一问题的初步探讨，希望得到同行的指正。(学术月刊, 84, 2, 23)

"初步"走状 V，因此，能说"这一问题的探讨"，也能说"这一问题的初步探讨"。

同类的例子再如：

我的<u>反复</u>修改	有关部门的<u>专门</u>研究
文章的<u>反复</u>修改	这一问题的<u>专门</u>研究
小王的详细介绍	地方法院的<u>公开</u>审理
情况的详细介绍	案件的公开审理

4.6 不难看出，各类"N的V"结构在扩展形式上确实存在着对立，这些对立表现在三个方面：

　　[1]. 共现形式的数量不同。Sd1、V3类结构有五种共现形式，Od2只有两种。

　　[2]. 共现时各类定语的位置不同。在S类结构中，N一般在其他定语的前面；在O类结构中，N一般在其他定语的后面。

　　[3]. 共现式的语义内容不同。Sd1b的形成歧义的条件是N与V之间可能有施动关系，V3类结构是可能有受动关系；S类结构的"状"包括状S、状V，O类结构内只有状V。

4.7 由于各类"N的V"在扩展形式上是对立的，有时候我们仅根据扩展形式就可以确定"N的V"的类型。例如"郭沫若的研究"是"N的V3q"，有歧义，但在"郭沫若<u>九年</u>的研究"中，"郭"一定是Sd；在"<u>九年</u>(的)郭沫若的研究"中，"郭"一定是Od。再如"欧阳兰的护理"也是"N的V3q"，但在"欧阳兰的<u>精心</u>护理"中，"欧"一定赶Sd。

5. 外部功能

5.1 "N的V"结构的主要功能是做主宾语[20]，各类"N的V"结构的差别在于做哪类主宾语以及做主宾语时同相关成分的语义联系。对比，我们打算通过六种句法格式来考察。这六种句法格式分为三组。

5.2 i组是"N的V"充当主语的格式，包括AB两式。A式是"N的V"做主语，"动词+了"做谓语。如："他的试验失败了"。 B式是"N的V"做主语，"动词+得+补语"做谓语。如："干部制度的改革搞得好"。

5.2.1 能进入A式的,是V3类结构和Sd1的一部分。V3类结构的例子如:

(1)公安部门的调查开始了。

(2)十佳运动员的评选结束了。

(3)设备的改造成功了。

(4)不用说,我的调动落空了。(中青报84,11,3,四)

Sd1的用例较少。如:

(5)马鲁古人的反抗失败了。(各国概况,上)

能在A式中做谓语的动词不多,常见的有:停止、开始、结束、展开、成功、失败、搁浅、得逞、破产、流产等。

Od2不在A式中出现,以下各例似都不说。

?运动的开展停止了　　?人数的减少开始了

?金牌的取得落空了　　?南极考察站的建立成功了

5.2.2 能进入B式的是V3类和部分Od2。V3类的例子如:

(6)龚先生的分析搞得那么烦琐,……。(人大影印资料,语言文字84,5,123)

(7)加热炉的检修进行得很快。

(8)机构的调整抓得不好,下一步的工作就不好开展。(人民,84,9,21,四)

(9)罗布泊的考察搞得不细。(文摘报,84,11,23,六)

能进入B式的Od2很少。如:

(10)他们的主要经验是教学计划的制定抓得早。

B式中的谓语动词是一个封闭的小类,包括"进行、抓、搞、做、作、弄"等形式动词。它们要和其他动词结合起来,才表达一个完整的概念。

Sd1不进入B式,以下各例似都不说:

?老师的启发进行得很细　　?你们的安慰搞得不错

?其他人的影响抓得好　　　?同志的帮助进行得及时

5.3 ii组是"N的V"充当介词宾语的格式,包括C、D两式。C式是"N的V"出现在"X+在……下/之下"中,D式是"N的V"出现在"X+在……上"中。C式如"吴荪甫在三条火线的威胁下生活",D式如"他在台湾山地文化的研究上造诣很深"。

两式中的"X"(吴苏甫、他)是一个名词性成分,经常出现在"在……上/下"的前后,在C式中,它一定是V(指"N的V"中的V,下同)的O;在D式中,它一定是V的S。以下各例中加·的部分都是X。

5.3.1 能进入C式的是S类结构。如:

(11)素香在丈夫的引导下,也成了使用计算机的高手。

(12)他的一双黑眼珠,在单眼皮的掩护之下,像一对小黑鬼儿。(老三,368)

(13)在夕阳的照耀下,腊月孤独地向饮马桥走着。(张一弓,张铁匠的罗曼史)

(14)在腊月娘家哥哥的押送下,银锁顺从地跟着民兵去了。(同上)

(15)南国剧社在林德的安排下,放映了这部影片。(人,84,10,11,八)

(16)在总政文化部的统一安排下,我曾有幸来过云南边界。(李存葆,高山下的花环)

C式都有"X在N的V下"→"NVX"的变换。如:

素香在丈夫的引导下→丈夫引导素香

在哥哥的押送下,银锁→哥哥押送银锁[21]

O类结构不能进入C式,如不说:

*这个厂在任务的完成下　　*他们在资金的减少下

*中国队在成绩取得下　　*在纪念馆的建成下,我们……

由于O类结构不能进入C式,所以"N的V"一旦进入,都确定为Sda,不再有歧义。如(14)、(15)中的"哥哥的押送、林德的安排"等。

5.3.2 能进入D式的是O类结构。例如:

(17)在人物形象的塑造上,有些作品总要把正面人物写得高大一些。(人,84,8,27,七)

(18)正当白酱丹在筲箕背金矿的开采上遭到何寡母拒绝无计可施的时候,……。(中现,238)

(19)在语言的运用上变文有其独特的色调。(中国语文,79,1,65)

(20)他们在科研课题的选择上善于发现理论和实践中的新课题。(新,83,10,22)

(21)这部词典在词性的处理上,因为不能不接受传统的约束,……。(语教研,80,2,51)

D式有"N在N的V上"→"NVN"的变换。如:

他们在科研课题的选择上→他们选择科研课题的

在人物形象的塑造上，有些作品→有些作品塑造人物形象[22]

5.4 iii组是"N的V"做动词宾语的格式，包括E、F两式。能带由"N的V"充任的宾语的动词，可以分为三种：第一种一般只带S类结构，带O类结构有一定的条件。以下把这类记作Va。第二种一般只带O类结构，带S类结构有一定的条件。以下把这类记作Vb。第三种两类结构都能带。以下记作Vc。

5.4.1 E式是"X(含义同ii组)Va+"N的V"。Va主要包括：

甲．受、蒙受、遭受、挨(打)、中(埋伏)、讨(喜欢)、经受、骗取、得、求得、博得、赢得、取得等。

乙．听候、遵从、遵照、听从、报答、辜负、抗击、抵抗、乞求、请求、祈求等。

甲组都有"承受、得到"的意义，乙组都表示对已经或将要承受的某种行为的反应。能进入E式的一般是S类结构。例如：

(22)张家庄种棉的宋师傅……受到过政府的重视和表扬。(马烽，一架弹花机)

(23)小女儿挨了父母的斥责，哭着跑回家里去了。(83小, 173)

(24)伍拾子他爹……惨遭他的毒打。(山, 215)

(25)她示意凤娇握住她的手，仿佛请求凤娇的宽恕。(82, 小, 126)

(26)陈景润没有辜负老校长的培养。(徐迟，哥德巴赫猜想)

(27)可惜他不久就逝世了，译文也无法获得他本人的校订。(龙果夫著《现代汉语语法研究》序)

(28)这个决定得到中共尚志县委的批准。(周立波，暴风骤雨, 229)

E式都有"XVaN的V"→NVX"的变换。如：

小女儿挨了父母的斥责→父母斥责小女儿

这个决定得到县委的批准→县委批准这个决定

有时候，E式中也可以进入O类结构。如：

(29)"你是菲利浦王朝的后代，你应该受到贵族的教育。(电影，铁面人)

"贵族的教育"是"N的V3q"，据出处上文，知这里是Od3。这个句子中的"你"和"贵族"有同位关系，两者都是"教育"的O。这种同位关系是O类结构进入E式的

条件，没有这种关系的O类结构不能进入E式。如不可能有：

　　*我们服从物资的分配　　　*这个厂受到了基建规模的缩小

　　*国家得到了经费的上缴　　*他们遭到了计划的取消

　　5.4.2　F式是"XVb＋N的V"。Vb的数量不多，常见的有：进行、从事、开始、停止、作、搞、实现、展开、开展、主持等。这些动词都有"着手于或停止某种活动"的意义，但意义都很不具体，和B式中的形式动词（详5.2.2）相似[23]。

　　能在F式中出现的，主要是O类结构。如：

　　(30)江南进行了《龙云传》和《吴国桢传》的准备和写作。（人，84，12，12，八）

　　(31)他主持过责任制的调查。（新，82，1，184）

　　(32)他们说话时总是在从事词的制作。（高名凯译，普通语言学教程）

　　(33)这两篇文章恰好在一个具体问题上作方法论的探讨。（吕叔湘，关于"语言单位的同一性"等等）

　　(34)科学家开展了脂质体的研究。（文汇报，84，12，12，二）

　　(35)我希望张良同志不要停止自己导演实践的探索。（人，85，2，22，四）

　　F式都有"XVbN的V"→"NVX"的变换。如：

　　他主持责任的调查→他调查责任制

　　他们从事词的制作→他们制作词

　　S类结构进入F式的条件也是N与N有同位关系，否则不能进入。如：

　　(36)姑娘们作出了自己的判断。（鲁光，中国姑娘）

　　"姑娘们(X)"与"自己(N)"有同位关系。而"姑娘们作出了教练员的判断"中的"姑娘们(X)"与"教练员(N)"没有同位关系，所以不能说。

　　再如：

　　(37)萧老从三十年代起就从事"李白的研究"。

　　"李白的研究"是"N的V3q"，但在这里只能是Od3。

　　5.5　从C、D、E、F四式的考察中，我们看到，虽然动词进入"N的V"之后，不能像做谓语时那样，采用主宾语的形式联结必有成分了，但它们（V1b、V 2、V3）同S、O在语义上的联系并不因此而消失，这三个成分往往组成一个超线性的ＳＶＯ结构，分布在包含"N的V"的组合当中。为了组成这个ＳＶＯ，"N的V"的内外就要

构成一种语义上的互补关系:如果结构内是 S V,结构外就出现 O;结构内是 O V,结构外就出现 S。这种互补关系,是造成"N 的 V"结构的不同分布的直接原因,也是"N 的 V"结构和其他体词性偏正结构的又一个重要区别。

5.6 O·Jespersen(1924,2010)在谈到英语动词的现在分词(preset participle)时,曾把它们比喻为名词和动词的混血儿。我们觉得,"N 的 V"结构也有类似的两重性。从语法功能上看,这种结构主要做主宾语,同于其他的体词性偏正结构。从语义功能上看,N、V 和另一个必有成分藕断丝连,V 的动词特点仍在冥冥之中发挥作用。对于后一点,我们还可以通过下面的事实进一步说明。

甲. 克劳弟先生很重视别人的支持。

乙. 克劳弟先生很重视法院的拘留。

丙. 克劳弟先生很重视老李的调查。

丁. 克劳弟先生很重视市场的调查。

戊. 克劳弟先生很重视概念的提出。

己. 克劳弟先生很重视老李的采购。

"重视"既能带 S 类结构充当的宾语,又能带 O 类结构充当的宾语,属上文没有讨论的 Vc。由于它不选择"N 和 V"的类型,也就不能象 C――F 四式那样,规定"N 的 V"同另一个必有性成分的关系,所以,"XVc ☐"中无论嵌入哪类"N 的 V",整个格式的意义都游移难定[24]。甲中的"别人的支持"是 S d。对甲,我们无法判定"克劳弟"是不是"支持"的 O。因此,甲有两种意义:

甲1. 别人支持克劳弟,克重视这种支持。

甲2. 别人支持其他的人事,克重视这种支持。

乙中的"法院的拘留"是 S d3,其他情况同甲。丙中的"老李的调查"是"N 的 Vq",我们无法判定"克劳弟"和"老李"孰为"调查"的 S 或 O。这个组合有三种意义:

丙1. 老李调查克劳弟,克重视这一调查。

丙2. 克劳弟调查老李,克重视这一调查。

丙3. 老李调查其他,克重视这一调查。

丁中的"市场的调查"O da,戊中的"这一概念的提出"是 O d 2。"克劳弟"是否"调

查、提出"的 S，不能判定。丁、戊也各有两种意义。己的"老李的采购"是 S d3(N 的 V 3 w)，只有这个组合没有歧义，但它在表意上也是不自定的，仅根据它，无法知道"采购"的 O。理解己这类组合，必须借助于先行句、后续句等一个句式以外的条件或交际双方的默契、背景知识等超语言的因素。5.2 谈到的 A、B 两式也是这类非自足的结构。

与甲——己相类的例子再如：

(38) 听到赵号子一伙的嘲弄，余维汉皱了一下眉头。

(39) 比赛开始后，你要注意同其他队员的配合。

(40) 当领导的不能限制群众的批评。

(41) 调孚同志正在中华书局负责《柳文指要》的编辑。（新, 82, 10, 260）

(42) 他们影响了停战条约的签订。

(43) 从六十年代起，丰田公司就控制了这十几家企业的销售。（丰田的秘密）

5.7 显而易见，甲—戊的歧义，己和 A、B 的不自足，A—F 的选择，以及上文谈到的不同的扩展形式，都根源于"N 的 V"中的 V。如果不区分 V 的类别，不区分"N 的 V"的类别，只是笼统地名之为某某结构，或只在是否"名物化"等问题上论争，对于上述现象恐怕是很难揭示，很难说清的。

6. 结语

6.1 本文在以往研究的基础上得出的主要结论有三个：

1. "N 的 V"中的动词包括 V1、V2、V3，"N 的 V"结构分为四类；四类结构在扩展形式和外部功能上存在着对立，造成这些对立的根源是三类动词的不同语义特征。

2. "N 的 V"结构同其他体词性偏正结构有两点重要区别：(1) 在内部构成上，中心语的类决定定语的类。(2) 在外部组合上，结构内外构成语义上的互补关系。

3. 动词的陈述性用法和指称性用法互相联系，互为转换，主宾语转为定语；陈述性结构中的有关成分转入指称性结构有一定的规则。

6.2 在方法上，以往的研究注重讨论"N 的 V"的外部特征，本文则侧重于它的内部关系；以往的分类根据动词同后面成分（宾语）的联系，把 V1B——V3 都归入及物动词，我们从动词前面（定语）入手，把它们分为具有不同形式标志和意义特点的三个小

类，并由此区分了"N的V"的类别。我们的研究是及物动词再分类和句法结构次范畴分类的一个尝试，是以往分类的细致化。

6.3 本文的考察，使我们对"N的V"结构的认识较为全面了。这不但为我们把"N的V"看作动词带定语的偏正结构提供了事实依据，也有助于进一步讨论这种结构的语法地位。此外，由于"N的V"是五四以后经过改造而重新采用的一个形式[25]，又和大量的"日语借词"有密切的联系，具有相当的能产性，揭示它的特点，对于从刃吋的角度认识语义结构和语法结构的关系以及不同类型的语言间在语义、语法方面的相互影响，也有一定的参考价值。

注

1) 依次见于《新著国语文法》65页, 1950年, 13版。《语法和语法教学》141页, 1956年。《中国文法要略》84页, 1982年。《语法修辞讲话》7页, 1979年。胡裕树《现代汉语》〈增订本〉341页, 1982年。朱德熙《语法讲义》78页, 1982年。
2) 参见吕叔湘《汉语语法分析问题》17页, 1979年。
3) 据观察，单音节动词带定语往往受到限制，同双音节的情况很不一样。这表现为：

   a. 很多词的单纯形式（即光杆儿形式）不能进入"N的V"。如：

   文城人的看报不过是一种消遣。（老舍）

   他的一时说不出话来，……（茅盾）

   洋笔墨的用不用，要看我们的闲不闲。（鲁迅）

   "文城人的看报"等可以说，"文城人的看、他的说、洋笔墨的用"都不能。

   b. 同类的词往往不能类推。在我们收集的材料里，能进入"N的V"的单音节动词有"来、死、骗、爱、恨、打、骂"等。但有"他的来"，未见"他的到、他的去"；有"秋白的死"，未见"○○的生"，"○○的活"。双音节动词不然，它们的单纯形式可以进入"N的V"，一般也能类推。

4) 把"程先生"看作Sd，这类结构成立。
5) 把"市高教办公室"看作Od，这类结构成立。
6) 抽象事物的移动是意念上的，如"我学习文化知识"，是"文化知识"移向"我"。
7) 我们把V3分为四个小类例举，只是为了叙述和比较起来方便。事实上由于具体组合意义的限制，许多动词都可以分别归类。拿"人才的培养"中的"培养"来说，如果人才是通过培养产生的，那

"培养=培养出","培养"应归入提选动词。如果是对已经是人才的人进行培养,则"培养"归入处置动词更合适。因为归入哪一小类都不影响揭示这些动词作为V3的特点,四个小类之间是不避交叉的。V1和V2的小类划分中也有类似现象。

8) animate,见《语言与语言学词典》25页,这里包括人类集体。个别非有生名词的拟人用法也造成这类歧义,如:"动词的选择=动词选择其他成分/其他成分选择动词"。

9) 当然这种歧义是就潜在的可能而言的,人们理解的时候常因具体组合而异。如对"上级机关的选拔",恐怕很少有人把N理解为Od,对"人才的选拔"则很少有人把N理解为Sd,而对"领导的选拔"则可能理解为Sd和Od的各占50%。

10) 把"人民警察"看作S,这类格式成立。

11) S+V1b也有粘着形式。如"泉水吸引",但这种形式的存在是和没有O+V1b的形式(如"行人的吸引")相对的。所以,我们说S(泉水)是"吸引"的体现者。

12) "开办"属V2,"管制"属V3,"开办了五年",不同于"管制了五年"。后者的"五年"是"管制"持续的时间,而前者是"开办"是完成后的时间。因此:

　　　　管制了五年=五年的管制　　　开办了五年≠五年的开办

13) 这个判断的逆命题不成立,即不是所有的Sdlb和V3类结构都有这种共现形式。后同类判断同此。

14) 见侯学超等《现代汉语句法分析》80页。胡正微「汉语语法场浅探」,《中国语文》80,4,258页。

15) 有些"对+N1的N2"的结构也有类似歧义。如"对小李的看法"。这样的结构内的N2限于"看法、想法、意见、偏见、印象、态度、情谊、感情"等,它们都同心理状态有关,在语义上都要涉及一个表对象的成分,也是"及物"的。这类名词的特点值得研究。

16) 某些内容动词可以构成"他对小李的解释、商店对顾客的宣传"等格式,它们的构成情况比较特殊。

17) "放纵坏人就是对人民的犯罪、迎接新技术革命对我们的挑战"中的"人民、我们"都不是O。

18) 此句可以说,但"过去"变成了全句修饰语。后同类情况不再说明。

19) 参看刘月华「状语的分类和多项状语的顺序」,见《语法研究和探索》(一)32页。

20) 参看《汉语史稿》〈中〉398页。有时也做其他成分,如做中心语、定语等,因没有区分各类"N的V"的示差作用,不拟讨论。

21) 严格地说,"NVX"的变换式是从C式中提取出来的,我们说C式"有"这种变换,是为叙述方便,下D、E、F式同。

22) 某些S类结构也可以进入"在……上",如"她在领导的同情上做文章"、在我们的管理上也存在着一些缺陷"等,它们都没有D式的变换。

23) E、F两式是由实词组成的,但我们不认为这是两个单纯的语义框架。因为它们的选择是对句法成分(宾语)的选择。另外,框架本身和它的选择对象都是成类的。

24) 这是就格式的一般情况而言,实际上由于具体组合不同,有时意义是确定的。关于Vc的进一步分类,还有待探讨。

25) 鉴于这一点,本文重点考察了五四运动以后至二十世纪后期这类结构的使用情况。在参考文献和语料的选取上,也侧重这一时期的经典作品,同时兼顾了小说、政论、新闻报道等各种文体。

参考文献

胡裕树 1982《现代汉语》〈增订本〉,上海教育出版社。

王　力 1980《汉语史稿》〈中册〉,中华书局。

吕叔湘 1982《中国文法要略》,商务印书馆。

赵元任 1979《汉语口语语法》吕叔湘译,商务印书馆。

黄伯荣·廖序东 1983《现代汉语》〈修订本〉,甘肃人民出版社。

朱德熙 1982《语法讲义》,商务印书馆。

朱德熙 1962「论句法结构」,《中国语文》9期。

朱德熙 1984「关于向心结构的定义」,《中国语文》6期。

朱德熙·卢甲文·马真 1961「关于动物、形容词"名物化"问题」,《北京大学学报》4期。

张晓铃 1984「N的V结构试析」,《杭州大学学报增刊》。

周生亚 1979「论一词多类」,《吉林大学学报》1期。

关兴三 1962「关于动词、形容词"名物化"问题的商榷」,《辽宁大学科学论文集》。

李芳杰 1981「说"母亲的回忆"这类标题」,《中国语文通讯》5。

李临定 1981「施事受事和句法分析」,《语文研究》4期。

C·J 菲尔墨「"格"辨」,　胡明扬译,《语言学译丛》第二辑。

北京师院中文系 1959《五四以来汉语书面语言的变迁和发展》,商务印书馆。

O·Jespersen 1924, 2010 The Philosophy of Grammar,何勇等译,商务印书馆。

引文出处（最后面的括号为文中标记方式）

《子夜》(茅盾)，人民文学出版社（子，页）

《老舍文集》(老舍)， 人民文学出版社（老，一·三，页）

《1982年全国优秀短篇小说评选获奖作品集》，上海文艺出版社(82小，页)

《1983年全国短篇小说佳作集》，上海文艺出版社（83小，页）

《正红旗下》(老舍)，人民文学出版社(正，页)

《毛泽东选集》， 人民出版社(毛，卷，页)

《邓小平文选》， 人民出版社（邓，页）

《新华文摘》（新，年，期，页）

《山菊花》(冯德英)， 解放军文艺出版社(山，页)

《语言教学与研究》(语教研，期，页)

《小说选刊》(小刊，年，期，页)

《小说月报》(小月，年，期，页)

第1章-3

从"对X有Y"格式看分布的异类互补

要旨 "对X有Y"は「対処」を表わす文型で、Yの位置に入りうる成分には、名詞、動詞、形容詞がある。本章はこの形式の考察を通じて、品詞の異なる語が同一の位置に出現することができる原因を検討した。その結果、これは品詞の異なる語が一種の語義上の相補的な分布（complementary distribution）であり、意味の共通性が、文法の機能の同化を引き起こした、と結論づけられる。また、朱徳熙氏の中国語の名詞化標識に関する論述を踏まえて、「対X有Y」を例とし、"谓词的可指称度"（用言の体言化程度）という概念を提出、説明した。

0. 前言

0.1 分属不同词类的词，有时出现相同的分布，如名词、动词、形容词都可以出现在主语的位置上等。以下把这类现象称作异类同布。"对X有Y"也是一个异类同布的格式，可以充当Y的，有名词，也有双音节动词和部分形容词。以往对这类问题的讨论，看重与此相关的词类的分合兼并等，本文打算通过对"对X有Y"的分析，探讨一下形成异类同布的原因，为这种现象寻求一个合理的解释。

0.2 "对X有Y"，指"对这个问题有兴趣"、"对治疗高血压没有效果"、"对工作没热情"、"对气功很有研究"等说法，是一个有相当容量的格式。以下主要讨论与此有关的四个问题：

1. "对X有Y"的类型
2. 可以充当Y的成分
3. 语义相通引起分布的异类互补
4. 谓词的可指称度

1. "对X有Y"的类型

1.1 "对"的作用

"对X有Y"中的"对",依其语法作用,可以分为两个。即:

对1:引进动作的面对者。如:

(1)他心里也许有这种想法,可是对我并没有表示。

对2:引进动作的关系者、叙述的角度。如:

(2)爱德乐先生对我国的翻译工作有贡献。

(3)这种独身生活对年轻人有魅力。

1.2 六种"对X有Y"

根据"对"的作用及X与Y之间的语义关系,可以把"对X有Y"分为六种类型。以下分别记作A~F式。

1.2.1 A式

其中的"对"是"对1",X和Y之间隐含着面对者和动作的关系,从中可提取出"对X Y(O)"。如:

(4)当时的心境,杨绛对干校的人也有表露。(=对干校的人表露当时的心境)

1.2.2 B式

其中的"对"是"对2"(以下各式中的"对"都是"对2"),X和Y之间隐含着对象与动作的关系,从中可以提取出"X Y"。如:

(5)蚜虫通称腻虫,对农作物有危害。(……危害农作物)

(6)相信这本小词典对读者学习汉语有帮助。(……帮助读者学习汉语)

1.2.3 C式

X和Y之间隐含着关系者与描写的关系,从中可以提取出"对X Y"。如:

(7)在北京的老百姓里,对自己的判断有自信的人多如牛毛。(……对自己的判断自信)

(8)要想当好保姆,最要紧的是对孩子有耐心。(……对孩子耐心)

1.2.4 D式

X和Y之间隐含着内容与类属的关系,从中可以提取出"关于X的Y"。如:

(9)安理会对纳米比亚问题有决议。(……关于纳米比亚问题的决议)

(10)"听说国务院对外资企业的纳税办法有细则,你去查查好不好。"(……关于外资企业纳税办法的细则)

1.2.5 E式

X和Y之间隐含着说明的角度与说明的内容的关系，从中可以提取出"对X来说，(S)有Y"。如：

(11) 除了测量以外，北回归线标志塔对天文学的研究也有意义。(……对天文学的研究来说，北回归线标志塔有意义。)

(12) 我认为这是件好事，对科技部门和科学工作者都有好处。(……对科技部门和科学工作者来说，这件事有好处。)

1.2.6 F式

X和Y之间隐含着关系者与说明的关系，不能做上述各类提取。如：

(13) 总理常对我们这些警卫人员说，对困难要有勇气，对文化学习要坚定信心。

(14) 人们都不愿意走，他们对住了多年的胡同有感情啊！

2. 可以充当Y的成分

从充当Y的成分看，A～F式又可分为三类：A、B的Y是动词，C的Y是形容词，D－F的Y是名词。

2.1 能进入A式的动词

能够进入A式("对X有Y"＝"XYO")的，是少数具有"表白"意义的动词。如：

表露、表白、表达、表示、暗示、保留、流露、反省等。

由它们构成的"对X有Y"的主语，常是Y的潜宾语。例如：

(1) 想拜白石老人学画的想法，新凤霞对吴祖光时有流露。

2.2 能进入B式的动词

能进入B式("对X有Y"＝"YX")的，都是双音节动词。从意义上看，主要包括三类：

2.2.1 "作用"类。如：

妨碍、腐蚀、污染、损耗、破坏、损害、伤害、毒害、威胁、摧残、制约、排斥、阻碍、冲击、触犯、触动、借鉴[1]、帮助、启发、启迪、刺激、促进、弥补、影响等。

这类动词都表示存在于 S (这里指广义的施事，下同) 的、对 X 的非意志性的作用、影响。"有"在由它们组成的"对 X 有 Y"中是实质动词，表"具有、存在"一类的意义。在这种"对 X 有 Y"中，很难出现表主观意志的成分，如能愿助动词等。具体的例子如：

(2) 谁也不能否认，市场经济的大潮对传统的道德观念有冲击。

　*谁也不能否认，市场经济的大潮<u>要</u>对传统的道德观念有冲击。

(3) 政府中央批准布达拉宫的维修工程，对西藏的文物保护事业有影响。

　*政府批准布达拉宫的维修工程，<u>想</u>对西藏的文物保护事业有影响。

2.2.2 "举措"类。如：

A：准备、预防、防备、防范、关照、照顾、资助、接济、调整、节制、开拓、省略、删节、修改、补充、增补、篡改、剥削、反抗、让步、抵制、押击、削减、选择、研究、考证、调查、分析、改进、限制、回报、发挥、侧重、解释、比较、对比、补助、观察、考查、复查、考核、考证、涉猎、侧重、区别、分别、突破等。

B：安排、批复、阐述、论述、评论、介绍、描写、报道、记录、规定、决定、设想、提议、建议、打算、记载等。B 类都有与之同形的名词。

与"作用"类相反，这类动词都表示 S 对 X 采取的积极措施。因此，在由它们构成的"对 X 有 Y"中，往往出现表意志的成分。如：

(4) 中国园林是一个特殊的领域，凝固了很多东方特有的美学思想，园林中的雕塑对这些<u>也要</u>有体现。

(5) 栾贵明曾告诉我，对杨先生没完没了地校改作品，<u>一定要</u>有准备。

(6) 体弱的人不宜从事这类激烈活动，老年人对这类活动更<u>应该</u>有节制。

这类"对 X 有 Y"中的"有"，和"作用"类中的"有"也不一样，它主要是起语法作用的，近似于形式动词，有时可以同其他形式动词，如"做、进行、加以、予以"等互换。例如：

(7) 我们曾经对名物化的说法有过评论。

　我们曾经对名物化的说法<u>做</u>过评论。

(8) 残疾人也是社会的一员，我们的刊物对他们的生活、工作情况也要有介绍。

　残疾人也是社会的一员，我们的刊物对他们的生活、工作情况也要<u>予以</u>介绍。

2.2.3 "态度"类。如：

误会、误解、曲解、埋怨、抱怨、怨恨、怀疑、期待、追求、留恋、眷恋、爱好、偏爱、考虑、思考、疑虑、猜测、隐瞒、猜忌、仇恨、抵触、反省、非难、责难、贬低、戒备、迷信、认识、理解、察觉、要求等。

同前两类比,"作用"类构成的"有Y"表示的是一种物理的存在,"举措"类构成的"有Y"表示的是人为的施加;而"态度"类构成的"有Y"则是一种心理状态的惹起[2]。因此,"态度"类动词构成的"对X有Y"常常充当兼语句的动词部分,其中的"有",多为"有了、产生了"一类意义。例如:

(9)《北京人在纽约》使很多青年人对留学生在国外的生活有了认识和理解。

(10)看得出来,他的话使这位苗家姑娘对我有了误解。

(11)他老这么吞吞吐吐的,不能不让我对他有戒备。

2.3 能进入C式的形容词

能进入C式("对X有Y"="对X Y")的,在我们收集到的资料里,只有11个形容词:热情、耐心、必要、不便、不满、烦恼、危险、遗憾、迷惘、忧愁、自信。

这11个形容词数量虽少,却很清楚地表现出能充当Y的非动词性成分的共同特征。即在语义上[+涉他](涉及他物);在功能上,能受定语[3]的修饰,如都可以受"很高、很多"等的修饰。

由形容词构成的"对X有Y"中的"有",有时可有可无。如:

(12)曾宪梓和他的爸爸一样,是一个对自己的能力很有自信的人。

曾宪梓和他的爸爸一样,是一个对自己的能力很[ ]自信的人。

(13)她对大儿子迟迟不露面虽然有不满,但脸上还是笑盈盈的。

她对大儿子迟迟不露面虽然[ ]不满,但脸上还是笑盈盈的。

2.4 能进入D式的名词

能进入D式("对X有Y"="关于X的Y")的,是表示"措施、规定"一类意义的名词。如:

A:措施、标准、别称、定规、定论、法案、法规、法律、法令、法纪、方案、规范、规划、规则、规章、家法、提案、教案、禁令、决议、说法、通称、通则、文件、细则、草案、限额、期限、预报、制度、条例、按语、议定书、约法三章、办法、蓝图

等。

B：安排、批复、阐述、论述、评论、介绍、描写、报道、记录、规定、决定、设想、提议、建议、打算、记载等。B类都有与之同形的动词。

在这类名词构成的"对X有Y"中，"有"虽然是实质动词，但同"举措"类动词的情形类似，意义较为概括，相当于"采取、做出、制定"一类的意义，常常可以与之互换。如：

(14) 由于国家地震局的辽宁观测站对那次地震有预报，所以人员伤亡不重。
　　由于国家地震局的辽宁观测站对那次地震做出了预报，所以人员伤亡不重。

(15) 赵东宛强调，对劳务输出也要有法律，否则混乱的状态还会持续下去。
　　赵东宛强调，对劳务输出也要制定法律，否则混乱的状态还会持续下去。

这类名词同"举措"类动词还有一个共同点，即在"S对X有Y"中，两者同X的关系都同S密切。这在前者表现为可以自由地选择X做受动主语。如：

(16) 明天的会议正在准备。（我们正在准备明天的会议。我们对明天的会议有准备。）

(17) 高考的评分办法改进了。（国家教委改进了高考的评分办法。国家教委对高考的评分办法有改进。）

在后者则表现为S不在"对"前出现时，"对"可以省略，而全句的基本意义不变。对比下列各句：

(18) 听大哥平日念叨，当初对家中许许多多的事都有打算，只是老人家身遭横祸，这才弄得家不成家，业不像业。
　　听大哥平日念叨，当初(对)家中许许多多的事都有打算，只是老人家身遭横祸，这才弄得家不成家，业不像业。

(19) 这些问题要在对基本问题有了设想以后，才有可能进一步解决。
　　这些问题要在(对)基本问题有了设想以后，才有可能进一步解决。

2.5 能进入E式的名词

能进入E式（"对X有Y" = "对X来说，S有Y"）的，是表示"作用、意义"的名词。如：

A：作用、价值、效果、意义、效、效益、责任、职责、功能、权、权力、义务等。

B：补益、益处、好处、营养、教训、引力、魅力、凝聚力、诱惑力、用处、反作用、副作用、否决权、主权、重要性、功劳、功绩、恩情等。

A类表抽象、概括的作用、意义，B类表具体的作用、意义。格式中的"有"与B式中的"有"一样，表"具有、存在"等。"有"前亦不能出现表意志的成分。

2.6 能进入F式的名词

能进入F式的名词有A、B两大类。A类是表"态度、情感"的，又包括两个小类。a类如：

情绪、意见、看法、想法、信心、兴趣、感情、意思、印象、感觉等。

b类如：

好感、恶感、同感、共鸣、顾虑、激情、柔情、温情、真情、爱情、戒心、紧迫感、优越感、自卑感、媚骨、怒色、笑脸、警觉、直觉、警惕性、歉意、积极性、收获、怨气、怨言、哀怨、负担、偏见、牢骚、情义、善意、恶意、私心、外心、好奇心、余悸等。

a类表抽象的态度、情感，b类则表较为具体的态度、情感。与"态度"类动词一样，这类名词也可以出现在兼语句中。如：

(20) 测绘局建立三十年来，就盖了这么一栋宿舍。当领导的自己先住进去，让群众对咱们有意见。

(21) 该说话的时候你总不说话，这也是促成经理对你有偏见的一个原因。

B类是表"造诣水平"的，也包括两个小类。

a类如：办法、见解、见地、思想、策略、度量、气量、风度、气度、气魄、气概、分量、风格、能力、观点、眼力、悟性、想象力等。

b类如：使命感、责任感、适应性、经验、修养、涵养、勇气、耐性、预见、预感、造诣、建树、把握、分寸、创见、灵感、文采、个性、独创性、独到之处、真知灼见、功力、礼貌、礼节、恒心、韧性、作为、高招儿、事业心、自知之明等。

a类本身虽不表造诣水平，"办法、观点"等只是中性的名词，但组成"有Y"之后，则有明显的表造诣水平的褒义。b类本身，都有这类褒义。

3. 语义相通引起分布的异类互补

不难看出，能充当Y的成分虽然词性不同，小类繁多，但却有着共同的语义特征——表某种［＋应对(应付、对待)］。如应对的"态度"、应对的"措施"、应对的"作用"等。似可认为，Y是一个表［＋应对］的语义位置(semantic position)，而名、动、形当中的任何一类词，都不足以单独表现这样的语义内容。换言之，汉语里表示［＋应对］的，既有名词，又有动词和形容词。相同的语义特征使它们的语法功能出现了同化，从而超越词类，出现在相同的位置上。这种现象，实质上是异类词在语义上的互补分布。

3.1 "作用"类动词同名词的互补

2.2.1的"作用"类动词与2.5的能进入E式的名词都有［＋作用］的特征，又同样表存在于S的、非意志的作用。不同的是，前者表动态的、渐变的作用；后者表静态的、相对稳定的作用。两者不能互相代替。另外，前者表示的都是具体的作用；后者(主要是A类)则表抽象的、概括的作用。在这一点上，又可互为说明。如：

(1) 开设市长专线电话对政府、对市民都有好处，对促进我们的行政改革尤其有帮助。

(2) β6之所以对药物研究者有魅力，最主要的原因在于它既可以大量杀伤癌细胞，对正常细胞又没有损害。

(1)的"有帮助"是"好处"的具体内容之一，(2)的"没有损害"是"魅力"的一部分；动词的Y都是具体说明名词的Y的。

3.2 "举措"类动词与名词的互补

2.2.2的"举措"类动词与2.4的能进入D式的名词都有［＋措施］的特征，在"对X有Y"中，又同样与O的关系比与S的关系密切。不过前者表示的具体的行动，后者是成为某种形式的内容等。两者也不能代替，但前者仍可以作为后者的具体说明。如：

(3) 政协视察组再三强调，治理黄河是中原的头等大事，即使是对百年一遇的特大对洪水也要有防范措施。

(4) 最近几年，山西省狠抓了农村失学儿童的复学问题，太谷、洪洞等县对贫困区的中、小学教育，都有资助办法。

(3)的"防范措施"，也可说成"a.有防范"，或"b.有措施"，但说a时，只是"有行动"；说b时，又不具体。(4)类此。同类的用例还有可举出"调整方案、补充规定、考核条

例"等。

3.3 "态度"类动词与名词的互补

2.2.3 的"态度"类动词与 2.6 的能进入 F 式的 A 类名词都有［＋态度］的特征，又同样可以出现在兼语句中。但前者是某种动态的心理，后者则是相对静止的情感。值得注意的是，有些明显的表"态度"的动词，如心理动词"反对、喜欢、讨厌、同意、担心"等，都不能进入"对 X 有 Y"，而与其相近的意义，却可以通过"有+A 类名词"来表现，在这一点上，两者有一种不完全的互补关系。如：

(5) 买房子的事、开店的事，老太太都赞成，就是对他娶黄丽群有意见。(有意见＝反对)

(6) 她明知道卢越琦对丁渝的妹妹有好感，却故意问……。(有好感＝喜欢)

再如"有恶感＝讨厌、有同感＝同意・赞成、有顾虑＝担心、有偏见＝歧视"等等。

3.4 名词与形容词的互补

能进入 F 式的 b 类名词，有的(度量、气量、风度、气概、涵养等)有［＋态度］的特征，有的(办法、见解、思想、策略、分寸等)有［＋措施］的特征。与前几类有相同特征的他类词比，它们有两个显著的特点：一是一部分(a 类)"有 Y"有熟语性[4]，不只简单地等于"有+Y"，而是表示"Y 多、Y 好"一类的意义。二是在功能上往往相当于一个形容词。如：

(7) 站在一旁的方志纯给毛泽东介绍说："余江城东的熊秉严就是对血吸虫病有办法的土郎中，他的办法高明得很咧。"

(8) 村里人都说枣树李是对黄土坡有办法的人，他的点子比谁都多。

(7) 的"有办法"大致相当于"办法高明"；(8) 的"有办法"略等于"办法多"。同类的例子再如：

有办法＝{办法好　办法新　办法有效　办法与众不同}

有风度＝{风度不凡　风度儒雅　风度翩翩}

有思想＝{思想活跃　思想解放　思想坚定　思想成熟}

b 类一般也相当于一个形容词或形容词性的结构。如：

有决心＝决心大　　有经验＝经验多　　有预见＝预见准　　有分寸＝准确

有把握＝自信　　有勇气＝勇敢

由这类名词组成的"有Y",也常常作为一个类似形容词的成分独立使用。如"有勇气的人、有事业心的人、有独创性的人"等。上文2.3谈到,能进入"对X有Y"的形容词极少,且Y为形容词时,"有"可有可无。这类名词的上述特点使它们可以作为形容词的替代形式出现,以"有Y"的形式("对血吸虫病有办法")出现时,相当于用"有"的形式;以"N+形"的形式("对虫吸虫病办法高明")出现时,则相当于不用"有"的形式。它们与形容词的关系,也是一种不完全的互补。

4. 谓词的可指称度

从对"对X有Y"的考察也可以看出,具有相同语义特征的词未必都能出现在相同的位置上,这一点在谓词上表现得尤为明显。形容词"热情、耐心、不便、不满、危险"等都可以进入"对X有Y",但和它们语义特征相近的这些词的反义词,"冷淡、急躁、方便、满意、安全"等,却不能进入。动词也有类似的情况,同是具有[+作用]特征的动词,在下面的(1)—(3)中,"V=V+N";在(4)~(6)中,"V≠V+N"。

(1) a. 日光、磁波等气象上的变化对无线电路有干扰作用。

　　b. 日光、磁波等气象上的变化对无线电路有干扰(作用)。

(2) a. 尽管王洛宾对自己的评价似乎过低了些,但这对事业有成者如何认识自己颇有启迪作用。

　　b. 尽管王洛宾对自己的评价似乎过低了些,但这对事业有成者如何认识自己颇有启迪(作用)。

(3) a. 罗马尼亚驻华大使参观展览以后说:"你们的做法对我们有启发性"。

　　b. 罗马尼亚驻华大使参观展览以后说:"你们的做法对我们有启发(性)"。

在这三句中,"干扰作用=干扰、启迪作用=启迪、启发性=启发",似可认为,"干扰"等动词,在功能上具有较强的可指称性,或者说,可指称度高,除了自指[5](指动作)之外,还能转指(指事物)。

(4) a. 这些野生的元宝枫的树叶对湿疹也有治疗作用。

　＊b. 这些野生的元宝枫的树叶对湿疹也有治疗(作用)。

(5) a. 电视剧中的这一人物形象对海外侨胞有感召力。

　＊b. 电视剧中的这一人物形象对海外侨胞有感召(力)。

(6) a. 郭之纯暗自思量,王君陶虽已老朽不堪,但几代世居怀仁镇,对自己站稳脚

跟还有利用价值。

＊b. 郭之纯暗自思量，王君陶虽已老朽不堪，但几代世居怀仁镇，对自己站稳脚跟还有利用(价值)。

在这几句中，"治疗≠治疗作用、感召≠感召力、利用≠利用价值"。"治疗"等的可指称性弱，即可指称度低，不能在"对X有Y"中实现转指。

这种情况在动词中有普遍性。下面是"态度"类动词的例子。

(7) a. 开始的时候，运动员们对大运动量训练有对立情绪。

＊b. 开始的时候，运动员们对大运动量训练有对立(情绪)。

(8) a. 明眼人都能看出，他们对自己的这种做法并没有道歉的意思。

＊b. 明眼人都能看出，他们对自己的这种做法并没有道歉[6](的意思)。

"对立、道歉"要借助"情绪、意思"等提高可指称度，然后才能进入"对X有Y"，而同样是表"态度"的动词，在功能上，"抵触情绪＝抵触、埋怨的意思＝埋怨"。

可指称性的强弱，还表现在谓词之前修饰语的有无上。例如：

(9) a. 《阴阳关的阴阳梦》是老作家鲁彦周小说创作的一次新的飞跃，对人物的塑造有新的突破。

b. 《阴阳关的阴阳梦》是老作家鲁彦周小说创作的一次新的飞跃，对人物的塑造有(新的)突破。

(10) a. 王任叔先生在本书的第三章对这一点有很好的解释。

b. 王任叔先生在本书的第三章对这一点有(很好的)解释。

(11) a. 其实周恩来对基辛格的来访早有细致周密的安排。

b. 其实周恩来对基辛格的来访早有(细致周密的)安排。

"突破"等"举措"类动词，前面有无修饰成分，都可进入"对X有Y"，可指称度较高。另有一些动词也有［＋举措］的特征，但不借助于前面的定语，则不能进入"对X有Y"。如：

(12) a. 他的论文对所谓"听懂"所包含的内容也有一个大概的划分。

？b. 他的论文对所谓"听懂"所包含的内容也有(一个大概的)划分。

(13) a. "怎么样，年轻人，对任何事情都要有明确的判断，否则是要吃亏的。"

？b. "怎么样，年轻人，对任何事情都要有(明确的)判断，否则是要吃亏的。"

"划分"、"判断"等的可指称度较低。

一般认为，汉语和印欧语在语法上的显著区别之一，是动词、形容词(即谓词)可以直接做主宾语而无需改变形式[7]。但随之而来的问题是，为什么在语义条件相同的情况下，有的谓词可以进入某种格式，如"对X有Y"格式，有的却不能。可指称度的高低，无疑是一个重要的原因。

我们推测，如同体词有不同的可陈述度(如数词、时间词等可直接做述语，陈述度高于一般的名词)一样，谓词也有高低不同的可指称度。如名动词、名形词高于一般的动词、形容词；双音节的动词、形容词高于单音节的；定中结构、并列结构的词高于述宾、述补结构的词等。但这些及其他决定可指称度的因素，还有待于通过对若干个"对X有Y"这类异类同布的格式的描写来进一步揭示和证明。

注

1) 有些词可兼属两类。如："他的论文对我有借鉴(意义)"中的"借鉴"是"作用"类；"他的论文对我的论文有(做了)借鉴"中的"借鉴"是"举措"类。似这种情况，以下只在一类列出，未加说明。

2) 这里的说法参考了寺村秀夫(1982)对日语的情感的表达、存在的表达的分析。

3) 定语的定义，依朱德熙"名词性成分中的修饰语"。见《语法讲义》141页。

4) 依詹开第1981。

5) 见朱德熙1982。

6) "没有道歉"有两个："无道歉"和"未道歉"。指后一个时可说，但那时的"没有道歉"不是"对X有Y"中的"有Y"。参看朱德熙(1982)。

7) 见朱德熙1982。

8) 这一点已成为目前很多研究的共识。

参考文献

王建勤 1982「介词"对于"的话语功能」，《语言教学与研究》第1期，43～58页。

寺村秀夫 1982《日本語のシンタクスと意味》，くろしお出版。

宋玉柱 1981「"把"字句、"对"字句、"连"字句的比较研究」，《现代汉语语法论集》，天津人民出版社，20～57页。。

詹开第 1981「"有"字句」，《中国语文》第1期，27～34页。

朱德熙 1983「自指和转指——汉语名词化标记"的、者、所、之"的语法功能和语义 功能」，《语法丛稿》，上海教育出版社，55～84页。

第1章-4

从"做V"格式看词汇语义对形式动词的选择

要旨 "做V"について、従来の研究は、"做"と"V"がそれぞれどの品詞に属するかということに重点を置いて、検討したものが多く、"做"は形式動詞で、"V"は動名詞であるという結論が出されている。本章は"做"と"V"との選択制限（組み合わせの規則）及び"做V"の用法に着眼し、"做V"構造に使用可能な動詞及びその語義面の特徴、使用不可能な動詞及びその原因を分析し、さらに"做V"の使用が必須の場合とそうでない場合における四つの条件をまとめた。また、"做V"と"他の形式動詞＋V"との語用論面での区別にも言及した。

0. 前言

"做V"格式指"做＋双音节动词"的结构[1]，如"做调查"、"做对比"等。相当一部分双音节动词，可以进入这一格式，另有一些则不能进入或不能自由进入。如不说"*做建设"、"*做发现"等。"做V"格式进入句子以后，有时"做"必有。如"在对这两种方法做比较的时候，我们注意到……"→？"在对这两种方法比较的时候，我们注意到……"。有时"做"可有可无。如："昨天的事用不着再做解释了"→"昨天的事用不着再解释了"。"做V"中的"V"往往还能与"做"功能类似的"进行、加以"等等组成"进行V"、"加以V"等形式。这就带来了以下问题：

[1] 哪些动词能进入"做V"，哪些动词不能进入"做V"，决定"能与不能"的要素是什么？

[2] "做"在什么条件下必有，在什么条件下可有可无？

[3] "做V"与"进行V"、"加以V"等有哪些区别？

1. "做"与V之间的选择关系

"做V"和"进行V"、"加以V"、"予以V"、"给以V"等一样，是产生得较晚，近几十年以来才逐渐流行起来的格式[2]。以往的研究，对"做"类动词和其中的"V"都有过讨论。一般认为，"做、进行"是词汇意义弱化，主要起语法作用的形式动词(dummy verb），这种格式中的"V"是不同于普通动词的、具有部分名词特点的名动词。因此，两者才能互为述宾。也有人认为，"进行"等动词的产生，主要是为了解决词与词结合的矛盾，使句子结构完整，以致是为了修辞上的强调[3]。对形式动词与V的关系，如"做"对"V"的选择及句子对"做V"的选择等，尚未见系统的研究。

"做"与V之间的选择，大致有三种情况。

[1] V可无条件进入"做V"

[2] V进入"做V"要依赖一定的条件。如依赖V的前加成分或"做"的附加成分等。例如：

A	B
?做批评	做<u>自我</u>批评
?做讽刺	做<u>辛辣的</u>讽刺
?做挑选	做<u>认真的</u>挑选
?做追究	<u>不</u>做追究
?做观察	做<u>过</u>观察
?做配合	做<u>好</u>配合

[3] V不能进入"做V"。

1.1 能无条件进入"做V"的动词

能无条件进入"做V"的动词，都是一般所说的名动词，不过区分名动词和非名动词，是一件很麻烦的事[4]。另外，也不是所有的名动词都能进入"做V"。所以，下面从意义上分别列举能进入和不能进入的动词。为了说明问题，有时也举非各动词的例子。

从整体上看，能进入"做V"的动词都具有［＋个人行为］和［＋自主实现］的语义特征。所谓"个人行为"，是指个人不依赖集团即可从事的活动。所谓"自主实现"，是指施事不依赖受事的配合、变化等就能实现的动作行为。动词不具备这两个特征，则不能进入"做V"。例如："建设、包围、制造、选举、侵略"等，虽是名动词，但有的是集团件性行为，有的要依赖合作者才能进行，都是［－个人行为］，不能进入"做V"。"发现、影响、逮捕、派遣、陷害、救济"等也是名动词，但要取决于被"影响"者接受影响、被"发现"物被发现、受"陷害"者受到陷害等才能实现，都是［－自主实现］行为，也不能进入"做V"。

具有这两个语义特征,是进入"做V"的必要条件,即无之必不然、有之未必然的条件,除此以外,"做V"中的V还有以下语义特点。

1.1.1 "翻译"类动词

表某种作为职业专门从事的工作。如:

(1)那次会谈也是师哲做翻译,我做纪录。

(あの会談でも、師哲は通訳し、私は記録した。/あの会談でも、師哲は通訳を担当し、私は書記を担当した。)

(2)给橄榄球做裁判可不是容易的事。

(ラグビーの試合を審判するのは、容易なことではない。)

(3)陈金良是车队的多面手,既能开开车,又能做调度。

(陳金良さんは運輸部の万能の人で、運転もできるし、配車もできる。)

这类动词(以下称"翻译"类动词)数量不多,常见的再如:导演、参谋、警卫、领导、随从、统帅、侦探、指挥、编辑、监督、导游、主持等。

"翻译"类动词都与一个表示"从事这一职业的人"的名词同形。如:

    V   N

导演了几部电影 一位导演

领导不了   德高望重的领导

由于"做"除了表"从事某种活动",出现在"做V"格式中之外,还表示"担当"而带名词性宾语,所以,"做裁判"、"做翻译"这类说法,都是有歧义的同形格式。即:

做裁判{a. 做V＝做裁判工作＝審判をする

    b. 做N＝做裁判工作的人＝審判になる}

因此,在V或N前没有修饰语的时候,往往难以确认"做"后的成分是动词还是名词。如上面的(1)、(2)、(3)以及"做导演的素质、做编辑的苦衷、做不了导游、做过指挥"等都两可。有时即使有修饰成分,但因修饰成分是既能修饰动词,又能修饰名词的,如"做认真的翻译、做过一年翻译"等,仍难以判断。只有对"做一名翻译、做了浅显易懂的翻译"等说法,才能借助修饰成分,断定前者的"翻译"是N,后者的"翻译"是V。本文对没有修饰成分的一般看作"做V"。

1.1.2 "说明"类动词

表能形成某种语言、文字内容的动作。如：

(4) 曹志在今天举行的全体会议上就这些工作要点向委员们做了说明。

（曹志氏は今日の総会で、これらの仕事の要点について、委員達に説明した。）

(5) 对于职员们的这一要求，他们至今未作答复。

（従業員たちのこの要求に対して、彼らは今に至るまで、まだ回答をしていない。）

(6) 记得当时《新华日报》在第一版的显著位置作过更正。

（その時『新華日報』が第一面のトップニュースで訂正したことを覚えている。）

(7) 人都齐了，就等着您作指示了。

（全員そろいました。ご指示をお待ちしています。）

这类动词(下称"说明类"动词)数量较多，常见的再如：报道、报告、汇报、记录、鉴定、检讨、统计、讲解、预告、论述、论证、探讨、推断、构思、总结、记载、补充、介绍、描写、交代、反省、反映、宣传、估计、考虑、修改、分析、夸大、证明、表示、答覆、嘱咐、警告、叙述、控诉、批示、批注、指示、比喻、要求、假定、请示、决定等。

"说明"类动词所表示的动作行为，往往依据一定的内容或产生"作品"。如"做报告"以前也许已经有了一篇写成的"报告"；"做记录"的结果是出现一份"记录"。因此，"说明"类动词一般与表示依据内容或作品的名词同形。由于"做"也有表"写作"的义项，所以，与1.1.1谈到的"翻译"类动词的情形类似，"做报告"、"做说明"，等也是有歧义的格式。即：

做报告{a. 做V＝報告する

　　　　b. 做N＝報告を書く}

因此，从理论上说，可以出现"报告了报告"、"说明了说明"这类句子。

1.1.3 "示范"类动词

表能形成某种凭借、标志、样板的动作。如：

(8) 周信芳一边讲，一边给演员们做示范。

（周信芳さんは説明しながら、俳優達に手本を示した。）

(9) 他不但毫无保留地提出了自己的意见，还把自己多年积累的一些数据给林志豪

做参考。

(彼は自分の考えを一つも残すことなく明らかにしたばかりでなく、長年かかって集めた幾つかのデータを林志豪さんに参考としてあげた。)

(10) "三排长留下做掩护，其余的人快撤！"（三小隊長は残って援護せよ。ほかの者ははやく撤退しろ！）

常见的这类动词（下称"示范"类动词）再如：保障、保证、标志、借鉴、陪衬、纪念、依靠、预备、准备、布置、安排等。

"示范"类动词的一部分也有与之同形的名词。如动词的"保证"义为"担保、担保做到"，而名词的"保证"，义为"作为担保的事物"；动词的"陪衬"义为"衬托其他事物，使之更突出"，名词的"陪衬"则为"用于陪衬的事物。因为"做"也有"用做"的义项，所以，"做保证、做陪衬"等也是歧义格式。即：

做陪衬{a. 做V＝引き立てる
　　　　b. 做N＝引き立て役になる}

1.1.4 "调查"类动词

表对事物的处理、应对。如：

(11) 三个月以来，费老一边对这里的乡镇企业做调查，一边思考下一步改革的问题。

(三ヶ月に渡って費先生はこの農村企業を調査すると共に、次段階の改革についての問題を考えている。)

(12) 个人入境时携带的小额外币，不做限制。

(個人が入国する際に持ち込む小額外貨は制限しない。)

(13) 这是两种完全不同的媒质，不做区别是不行的。

(この二種類は全く異なった媒体なので、区別しなければいけない。)

这类动词（下称"调查"类动词）数量很多。再如：报复、改革、改进、考察、判决、试探、歪曲、了解、处理、纠正、动员、审查、调剂、调整、检查、清理、揭露、强调、整理、整顿、治疗、综合、校正、校订、修改、修正、删改、压缩、核对、研究、复查、改造、改编、妥协、测量等。

"调查"类动词不像前几类那样，有与之同形的名词，但它们本身都有很强的名词

性功能。这表现为：都可以受量词"个、种、次"的修饰或名词的直接修饰。如："这个改革、一个改进、这种处理、几次核对、农村调查、经济改革、阶级报复"等(参见朱 1985)。不能受上述量词或名词直接修饰的，如"办理、迎接、克服、批准"等，虽意义特征与此类动词相近，但不能进入"做V"。

1.1.5 小结

不难看出，能进入"做V"的动词，具有以下共同特点：

[1]或有同形的名词，或能受名词直接修饰及特定量词的修饰，都有很强的可指称性。我们觉得，"做V"中的"做"，有些像日语サ变動词的「□□をする」，如「研究をする」中的「する」。它要求宾语(即V)在意义上表示动作，在功能上具有一定的名词性。1.1.1—1.4.4 所列举的动词，正好同时具有这两个特征。

[2]以并列结构居多。非并列结构的只有"导游、主持、夸大、假定、请示、动员、示范"等几个。汉语的形容词往往采用并列的形式构成名词形。如"大小、高低、宽窄、肥瘦、新旧"等。似可以认为，双音节动词也是并列结构的具有较强的名词性。

[3]大都是及物动词。在我们搜集到的材料里，不及物动词只有"在香港不做停留"、"向陕北做战略转移"、"他们还在做垂死挣扎"、"做工作"等几例，且意义上都难以归入上述四类。对于多数不及物动词不能进入"做V"的原因，我们还没有找到理想的解释。其中的一部分(详 1.2.2)，是由于没有[十自主实观]的语义特征。

1.2 不能进入"做V"的动词

下面把观察的角度转到另一极，考察不能进入"做V"的动词。不能进入"做V"的动词，主要有以下几类：

1.2.1 心理动词

能受程度副词修饰的表心理活动的动词。如：支持、反对、赞成、拥护、迁就、同情、同意、希望、想念、怀念、喜欢、讨厌、担心、关心、热爱、关注等。这一类中有些是名动词，可以进入"加以V"。

1.2.2 单向动词(不及物动词)

可大致分为A、B两类。

A类如：运动、震动、出发、变化、生长、生活、散步、休息、开幕、闭幕、比赛、考试、冲突、奔走、奋斗、服务、捣乱、游泳、增长等。

B类如：流行、开动、开展、加强、发展、巩固、扩大、缩小、展开、出版、发表、增产、分裂、发行、成立、投降、丧失、损失、变化、实行、实现、建立、恢复、举行、粉碎、消灭、消除、增加等。

A类都是不能带宾语的，B类虽能带宾语，但带宾语时，VO＝SV。如："举行会议＝会议举行、发表论文＝论文发表"。B类中名动词较多，他们都不能"自主实现"。如对于"理事会举行了第三次会议"中的"举行"来说，它的实现既依赖于"理事会(的召集)"，又依赖于"第二次会议(的举行)"，两者缺一不可。其他的B类，亦可做类似的分析。(说它们是单向动词或不及物动词，只是一种权宜的归类，本文不拟就它们同其他单向动词的区别进行探讨。)

1.2.3 必宾动词(必须带宾语的粘着动词)

如：夺取、成为、企图、充满、听取、取得、具备、采取、贪图、养成等。

1.2.4 状态动词(表状态的动词)

如：包括、包含、违法、违背、坚持、担任、承担、经过、经受、准许、容纳等。以上两类多不是名动词，既不表示具体动作，又没有可指称性，使用时的自由度也很小，几乎只是做述语。

1.2.5 口动动词(口语色彩极强的动词)

如：吓唬、收拾、奉承、抬举、使唤、拾掇、琢磨、算计等。这些也都不是名动词。对于它们不能进入"做V"的原因，似还可以从风格的角度做出解释，"做V"一般出现在书面语中，因此，口语色彩极强的动词难以进入。

1.2.6 小结

由于"做V"是一个新兴格式，所以有的"能进入"或"不能进入"已经定型，容易确定；另有一些，则还处在渐变的过程中，其"能"与"不能"，一时尚难判断。如1中列举的要依赖一定的条件才能进入的例子，究竟是为了调整节律，还是因为要补足语义；再如一些不能说的组合，如"做学习、做印刷、做通知、做命令"等，到底是几率问题，或是另有制约，都还有待于进一步观察。

2. "做"在句中的隐现

"做V"在句子里主要充当下列成分。

a. 做述语　　他对这一草案<u>做了</u>说明。
b. 做定语　　<u>做</u>报告时指出
c. 做宾语　　我准备再<u>做</u>一次尝试。
d. 做主语　　<u>做野外调查</u>是很辛苦的。

2.1 "做"必有

充当各种成分时,有时"做"必有。换言之,出现在句中的,只能是"做V",不能是"[　]V"。这又有四种情况。([　]:表空位。下同。)

2.1.1 "做"前是V的受事,V前无修饰成分

"做"前的受事,往往是用介词"对"提前的。如:

(1) 最近,记者就经营免税外汇商品的有关情况,对中国华侨旅游服务总公司的负责人做了采访。

　　(最近、記者は免税輸入商品の経営について、中国華僑旅行サービス総社の責任者にインタビューした。)

＊最近,记者就经营免税外汇商品的有关情况,对中国华侨旅游服务总公司的负责人[　]采访了。

(2) 他花了一年多的业余时间,阅读了巴金的全部作品,对大量资料做了分析和研究。

　　(彼は一年余りの間、巴金の作品を全部読み、その上、大量な資料を分析し、研究した。)

＊他花了一年多的业余时间,阅读了巴金的全部作品,对大量资料[　]分析和研究了。

(3) 在对续聘施普拉那一事作决定之前,中国足协会准备广泛听取各方面人士的意见。

　　(シプラナ氏を引き続き招へいすることを決定する前、中国サッカー協会は幅広く各方面の人々の意見に耳を傾けるつもりだ。)

＊在对续聘施普拉那一事[　]决定之前,中国足协会准备广泛听取各方面人士的意见。

"做"在这类句子里必有,其原因如朱(1985)所指出的,用"对"把宾语(即V的受

事)提前的结构,要求动词部分是一种复杂形式,没有"做","采访、分析"等成了光杆儿动词,所以不能没有"做"。如果"做"前不是用"对"提前的受事或"做"前、V前行有修饰成分,则"做"可以去掉。如下面各句:

(4) 省里请部队文艺工作者为边远地区的群众作表演,王施晔和刀美兰由此结缘。

(省政府は解放軍の文化宣伝工作団に辺鄙な地域の大衆のために上演を要請したことがきっかけになって王施暲と刀美蘭は縁を結ぶことになった。)

"作"前是"表演"的对象,而不是受事,所以,也可以说"省里请部队文艺工作者为边远地区的群众表演……"。再如:

(5) 他们只希望在新政府中充当顾问,提出意见和建议,但如果国王另作安排,他们将坚决服从。

(彼らは新政府の顧問を担当し、考えを述べ、意見を提出することを望むだけであり、もし、国王にはほかの案があれば、彼らは必ずそれに服従する。)

(6) 那时,中国政府将被迫不得不对收回的时间和方式另作考虑。

(その時には、中国政府はやむを得ず、返還時期とその方法について、ほかに考えねばならないでしょう。)

两句的"做V"部分结构类似,(5)的"作"前不是V的受事,故"作"可有可无;(6)的"作"字虽是用"对"提前的受事,但因有修饰成分"另",说成"……对收回的时间和方式另考虑"也可。

V前有修饰语的用例,可参看下节的分析。

2.1.2 V前有定语性修饰成分

"做V"中V前的修饰成分有的是修饰名词性成分的,以下称作"定语性修饰成分"。如:"做一个调查"中的"一个"。有的是既能修饰名词性成分,又能修饰动词性成分的,以下称作"非定语性修饰成分"。如:"做认真的调查"中的"认真的(地)"。"翻译"类、"说明"类、"示范"类动词的一部分,有与之同形的名词,它们之前不能出现某些定语性修饰成分。(出现时,如"一位翻译","翻译"是名词。)另有一部分及"调查"类不然,它们之前可以出现定语性修饰成分。V前有定语性修饰成分时,"做"必有。例如:

(7) 我们要分辨真正的敌友,不可不将中国社会各阶级的经济地位及其对革命的态

度做一个<u>大概</u>的分析。

(われわれは真の敵と友を見分けるため、中国社会における各階級の経済地位及び革命に対する態度に対して大まかな分析をしなければならない。)

＊我们要分辨真正的敌友，不可不将中国社会各阶级的经济地位及其对革命的态度[　]一个<u>大概</u>的分析。

(8) 可以让他们在这个基础上做<u>进一步</u>的专题研究。

(彼らにこれを基礎とし、更に一層専門的な研究をさせていい。)

＊可以让他们在这个基础上[　]<u>进一步</u>的专题研究。

(9) 对于书中关于中医的不公正的评论，当时曾颇有微辞。这次再版，仍保持了原貌，未做<u>任何</u>修改。

(本の中の漢方医学に対する不公平な議論について、当時より遠回しな批判はよくあったが、今回再版するにあたっては、一切改正を加えず、現状のままとした。)

＊对于书中关于中医的不公正的评论，当时曾颇有微辞。这次再版，仍保持了原貌，未[　]<u>任何</u>修改。

三句中划线的部分都是定语性修饰成分，如果没有"做"，剩下的部分就成了名词性的偏正结构，不能充当谓语了。在这类句子中，通过"做"的使用，既可增加谓语部分的语义容量，又能保持其陈述性，"做"的作用是十分明显的。

如果V前的修饰成分是非定语性的，则"做"可以去掉，而句子意思基本不变。如：

(10) 本书除对动词功能能做全面的分项考察外，特别提出三个项目来做比较详细的探讨。

(本書は動詞の機能を全面的な考察したほかに、特に三つの項目を取り出して、比較的詳しく検討した。)

本书除对动词功能能做全面的分项考察外，特别提出三个项目来[　]比较详细的探讨。

(11) 计划和预算需要做部分调整的，国务院应向常委会提交部分调整方案。

(部分的調整の必要がある計画と予算に関して、国務院は常務委員会にその案を提出しなければならない。)

计划和预算需要[　]部分调整的，国务院应向常委会提交部分调整方案。

2.1.3 "做"后有动态动词

有时虽然"做"前不是V的受事或V前也有非定语性的修饰成分,但由于"做"后有动态动词,"做"也不能去掉。例如:

(12) 他重点研究了金元时期中医的"溢补、寒凉、滋阴、攻破"学说,在自己身上做了上万次的试验。为了闯过穴位的禁区,他冒着致残甚至生命危险坚持做试验。

(彼は重点的に金、元時代における漢方医学の「溢補、寒凉、滋陰、攻破」などの学説を研究し、自分の体を使って万回以上テストをした。彼は針灸のつぼとして禁じられている箇所を解明をするため、体に障害を残す危険、場合によっては、生命を失う危険を冒してまでも、引き続き試験した。)

"在自己身上做了上万次的试验"似可说成"在自己身上上万次地试验",但"了"没了位置,也不宜说成"上万次地试验了",而最后的"坚持做试验"则可说成"坚持试验"。下例同此。

(13) 张老后来调到机要部门工一作,他说:"中央政治局开会,邓小平作过记录。他走了以后,叫我作记录。中央很多负责同志都是湖南人,我听不懂他们讲话,作记录可就困难了。"

(張先生は機密部門に移動することになった。彼はこう言った。「中央政治局が会議を開いた時、鄧小平氏が記録係を担当したことがある。彼が移動した後、私がその仕事を担当させられたが、多くの中央指導者たちが湖南省の出身なので、私は彼らの話を聞き取れなくて、記録はとてもしにくかった。」)

句中有三处"做V",唯"作过记录"的"作"不能去掉,而其他两处,"作"都可无。再看一例:

(14) 该书从地缘、历史、风俗、文化背景等方面,对延安作了深刻而又准确的剖析,对延安与中华民族整体精神的内蕴的血缘关象,作了细致而沉稳的探讨,对延安艰苦创业、苦尽甘来的种种情状,作了深情的描述。

(本書は地政、歴史、風俗、文化などの面から、延安について、深く、正確に、分析し、穏やかな筆致で、延安と中華民族全体との精神的な深い係わ

りを詳しく検討し、さらに延安の人々が幾多のかん難辛苦を嘗め尽くして、今日に至るまでの様々な状況を感慨をこめて描写した。)

本句如果变成一种未然的说法，比方变成 "要对延安作深刻而又准确的剖析……" 的话，则三个 "作" 都可去掉(因V前有非定语性的修饰成分)，但现在不能。如要保留 "了"，就得改变句子结构，说 "深刻而又准确地剖析了……"。这说明，在 "做V" 中，"做" 是负载陈述性功能的部分，动态助词都是附属于它的，而V实现的是指称性功能，已经不能表示动态的变化。

2.1.4 "做V" 后有 "做十补语"

动词后既有宾语又有补语的时候，往往要重复动词，构成 "动十宾十动十补" 的形式，"做" 也不例外。如：

(15) 刚进光机所的时候，他常常在研究室做试验做到深夜一两点。

　　(光学機械研究所に入所したばかりの頃、彼はよく研究室で、夜中の一時、二時なるまで実験した。)

　? 刚进光机所的时候，他常常在研究室[　]试验做到深夜一两点。

(16) 那年代小马做总结做出了经验，张口就是 "在上级党组织的领导下……"。

　　(その時代、馬さんは総括をするのがうまくなった。口を開けば、すぐ「党の上級機関のご指導のお蔭で…」と言った。)

　? 那年代小马[　]总结做出了经验，张口就是 "在上级党组织的领导下……"。

(17) 做练习做累了，出去散散心。

　　(練習問題をして、疲れたので、ちょっと出てりラックスしよう。)

　? [　]练习做累了，出去散散心。

由于 "VOVR" 句式的要求，三句中的 "做" 都不宜去掉。

2.2 "做" 必不能有

与上面列举的情况相反，有时能进入 "做V" 的 "V" 出现在句中时，只能是 "[　]V"，不能是 "做V"，即 "做" 必不能有。有些 "做" 必不能有的条件是显而易见的。如V后有宾语时，"做" 就不能出现。(*"做调查农村"，参看朱 1982, 59 页)。再如能进入 "做V" 的动词和不能进入的并列使用时。如：

　　　　A　　　　　　B

第1章-4 从"做V"格式看词汇语义对形式动词的选择

　　　　做了改革以后　　　　*做了开放以后

　　　　进行开放以后　　　　*做了改革、开放以后

　　　　进行改革、开放以后

　　　　改革、开放以后

"开放"属上文谈到的 1.2.2 的 B 类，不能进入"做V"，所以，不能与"改革"组成"做ＶＶ"的格式。

　　更值得注意的，是V做定语，中心语是V的受事的句子，这时"做"绝对不能出现。如：

　　(18) 那一年，李治华夫妇翻译的《红楼梦》在法国出版了。

　　　　（その年、李治華夫妻が訳した『紅楼夢』はフランスで出版された。）

　　(19) 我们的调查证明，群众反应的情况属实。

　　　　（大衆の述べたことが事実であることは、われわれの調査により判明した。）

这两句中的"翻译、反应"不能说成"做翻译、做反应"。如果中心语是其他语义成分，如施事、时间、场所、方式、同位语等，则V也可为"做V"。如：

　　(20) 每当报告的人描述他们的苦日子时，礼堂里总是一片啜泣声。

　　　　（報告者が自分の受けた苦痛を訴えると、会場には、いつもすすり泣きの声が溢れた。）

　　　　每当做报告的人描述他们的苦日子时，礼堂里总是一片啜泣声。

　　再比较下列说法：

　　　A. 导演的人＝做导演的人

　　　　　总结的时候＝做总结的时候

　　　　　答覆的方式＝做答覆的方式

　　　　　调查的工作＝做调查的工作

　　　B. 导演的电影≠做导演的电影

　　　　　总结的经验≠做总结的经验

　　　　　答覆的问题≠做答覆的问题

　　　　　调查的情况≠做调查的情况

A组的中心语都是受事以外的成分，故"[ ]V"＝"做V"；B组的中心语都是受

事，则"[ ]V"≠"做V"。"做导演的电影"不能说，"做总结的经验、做答覆的问题、做调查的情况"等虽然能说，但这样说时，中心语都不是受事。（[ ]表空位）

中心语是受事，其定语只能是V，不能是"做V"，原因在于动词或动词性成分充当定语时，要求被它修饰的成分不但与之有直接的语义关系，而且还能转换成体现这一语义关系的另一直接成分。即如果中心语是施事，应能转换为主语：如果是受事，应能转换为宾语等。例如：

a. 翻译的人→人翻译

b. 翻译的小说→翻译小说

c. 翻译的房间→在房间翻译

d. 翻译的星期天→星期天翻译[5)]

a—d的定语都是V，都能做这种转换，如果把他们都变成"做V"a、c、d仍能做这种转换，而b不能。因为V成了"做"的宾语，受事不再能转换成它的宾语了。换言之，因为不能说"做翻译小说"，所以也不能说"做翻译的小说"。并非所有的"动词十V"都不能做受事的中心语，关键是能否满足上述条件。"同意翻译的小说"、"要求调查的这个问题"等都是合法的格式，因其中的"小说、这个问题"都能转换为V的宾语。

3. "做V"与"其他形式动词 十 V"的区别

除"做"以外，形式动词还有"进行、加以、予以"等。"做V"与"其他形式动词十V"的结构，对于它们的差异，朱（1985）曾指出："进行"可以带不及物的名动词，其他形式动词不能，并认为不同的形式动词各自的特点还有待于讨论。以下我们只谈与本文相关的两点。

3.1 V的语义特征选择形式动词

1.1 "做"要求V具有[十个人行为] 和 [十自主实现] 以及 1.1.1—1.1.4所列的语义特征。反过来说，也可以认为是具有这些语义特征的名动词选择了"做"。没有这些特征而具有其他语义特征的V，则分别选择其他形式动词。如：

Ⅰ. 建设、选举、侵略、攻击、庆祝、生产、救济、考试、比赛等具有［十大规模、集团性行为］特征的V，选择"进行"，都可以进入"进行V"。

Ⅱ. 开展、发展、巩固、扩大、缩小、提高、削弱、促进、实行、完成等具有[十

使动性活动]特征的V，选择"加以"，都可以进入"加以V"。

III. 协助、帮助、配合、反对、虐待等具有[十益害性行为]特征的V，选择"予以"，都可以进入"予以V"[6]。

不用说，还有相当一部分名动词，选择一个以上的形式动词，可以进入一个以上的"形式动词十V"。如：

　ⅰ 做调查

　ⅱ 进行调查

　ⅲ 加以调查

　ⅳ 予以调查

动词对"做"和Ⅰ—Ⅲ的选择，是语义的选择，"进行比赛"、"加以发展"、"予以欢迎"以及"做陪衬"等的区别，是十分明显的，而ⅰ—ⅳ的选择，是语用的选择，了解它们之间的细微差别，具有更重要的价值。(与上述两种选择关系相对，形式动词同一般动词之间的选择关系，如不选择"吃、散步、旅行、参加"等动词，则是语法的选择。)

3.2 形式动词的原始意义决定，"V"的意义重点

形式动词的原始意义指它们进入"XV"之前的意义，这些意义决定不同的"XV"有各自的意义重点。如："做"的原始意义是"从事"[7]，因此，"做V"的重点是"从事一件工作"；"进行"的原始意义是"有持续性地从事"[8]，因此，"进行V"的重点是"展开一个过程"。所以，"做了25天调查"不能变换为"调查做了25天"；而"进行了25天调查"则可以变换为"调查进行了25天"。再看下句。

(1) 他每次出车回来，都对车作一次认真的检查，常年如一日地对车辆进行保养。

　　(彼は毎回車に乗って帰ってくると、必ずしっかり車両をチェツクし、いつもと同じように、車にメンテナンスをする。)

句中的"检查"是一次性的行为，所以用"作"，"保养"是一天天持续的经常性的行为，所以用"进行"。说"进行认真的检查"和"作保养"在语法上也未尝不可，但在语义•语用上就不那么准确。更能说明这一点的，是同一个名动词在实现不同的义项时要组成不同的"XV"。如：

(2) 各级纪检部门要在年底以前对违法乱纪的情况进行一次彻底的检查。

　　（各級の規律検査部門は年末までに、法に背き、規律を乱している実態を一度徹底的に検査しなければならない。）

(3) 在公司的理事会上，他对自己的错误做了检查。

　　（会社の理事会で、彼は自分の誤りを反省した。）

(2)中的"检查"义为"为发现问题而查看"，是非个人行为，且又要持续一段时间，所以用"进行"；(3)中的"检查"义为"检讨缺点和错误"，是个人行为，所以用"做"。再如：

(4) 他对我的意思做了错误的理解。

　　（彼は私の考えを間違って理解した。）

(5) 希望大家对我们的做法予以理解。

　　（みなさんカミ私たちのやり方を理解してくれることを希望している。）

(4)中的"错误的理解"，相当于"误解"，完全是自主实现的，所以用"做"；(5)中的"予以理解"是一种期望得到的愿望，与"实现"没有关系，所以不能用"做"。再如"加以"的原始意义是"对待、处理"[9]，因此，"加以V"的意义重点是"采取某项措施"。所以，

(6) 对他们的违法乱纪行为要加以调查。

　　（彼らの法に背き、規律を乱した行為対して、調査を行わなければならない。）

一文的会话含义(conversational implicatures)[10]是"对他们的行为要从调查开始，严肃处理，不能姑息"（彼らの行為に対して、まず調査し、厳しく処置しなければならず、忽せにしてはならない）。

(7) 对他们违法乱纪的行为要做调查。

的会话含义是"对他们的行为要先查清、不能贸然从事"（彼らの行為に対して、まずはっきり調査しなければならず、軽率にしてはいけない。）

如果再比较一下(5)，问题会变得更为清楚。"予以"的原始意义是"给"，用于表示"使对方得到某种待遇"，所以(5)中的"予以"不宜换成"加以"；(6)、(7)要是说成"对他们违法乱纪的行为要予以调查"的话，其会话含义也就因"予以"的原始意义而变得两者兼而有之了。

注

1) "做 V"也有写成"作 V"的,从收集到的材料中可以看出这样的倾向:如果使用 zuò 的人认为 zuò 后面的是名词或名词性结构,多写"做";如果认为是动词或动词性的结构,则多写"作"。但无论写成什么,对确定名词的词性都无影响。本文除例句保留原文写法外,一律写"做"。

2) 见王力《汉语史稿》(中册)398、417、480 页。中华书局(1980)。

3) 分别见于朱德熙(1982、1985)及宋玉珂(1987)「"进行"的语法作用」,《语言教学与研究》第 1 期, 59-64 页。

4) 我们姑且采用朱德熙(1982)提出的四条标准:(1)可直接修饰名词。(2)可直接受名词修饰。(3)可受数量词修饰。(4)可做形式动词的宾语(形式动词包括"进行、做、加以、予以、给以、有"),确定了作为考察对象的名动词。确定时采用了较为宽松的做法,只要满足四条中的一条,就算名动词。

5) "翻译的星期天"略嫌生硬,但我们以为这只是几率问题,而不是不能说。如果说"工作的星期天、战斗的星期天",则十分自然。"翻译的经验、翻译的情况"中的"经验、情况"不能再转换成定语以外的另一个直接成分,这是因为它们与"翻译"之间的修饰、限制关系,就是通过定中的形式来体现的。

6) 这里只是举例,能进入"进行/加以/予以+V"的名动词,当然要比这复杂得多。

7)、8)、9)、11)分别见于《现代汉语词典》1554、591、541、1413 页。商务印书馆,1986。这里说的"原始意义",不是语源上的本义。

10) 见程雨民(1983)「格赖斯的"会话含义"与有关的讨论」《国外语言学》第 3 期, 19-25、49 页。

参考文献

杨成凯 1992「义谓词性宾语的类型研究」,《中国语文》第 1 期, 26-36 页。

朱德熙 1982《语法讲义》,商务印书馆。

朱德熙 1985「现代书面汉语里的虚化动词和名动词」,《北京大学学报》第 5 期, 1—6 页。

第 2 章

事件结构与语法・语用的整合

① "把"字句的项与成句和使用动因

② 处所短语句的蕴涵与"在"的隐现

③ "了1"的语义・语用功能

第2章-1

"把"字句的项与成句和使用动因

提要 目前为止的"把"字句研究,除了"提宾"和"主观处置"以外,走的基本上是语义研究的路线,先后概括、讨论过介词("把")、动词、宾语、NV之间、句式、句式群等的语义特征。我们从二语教学的实践出发,在检验这些语义特征的解释力,指出非母语学习者掌握和运用它们的困难的基础上,主张淡化语义因素,主要从结构项目和时间顺序的角度解析"把"字句,指导其教学。具体地说,就是先根据"把"字句所含有的事件结构的"项"的数量将其分为四项"把"字句、三项"把"字句、二项"把"字句,再分别揭示各类的成句和使用动因,确定与之相对应的教学方法和顺序。

0. 引言

在"把"字句的二语教学中,一直存在着两个难点:一个是对能说和不能说的原因的解释,另一个是对该用和不该用的条件的说明。前者是"把"字句的成句动因,后者是"把"字句的使用动因。不言而喻,不把这两个动因搞清、说准,就谈不上进行科学的、符合语言习得规律的"把"字句教学。

对两个动因的先行研究很多,有的在理论构建方面有创新之处,有的对理解"把"字句的意义有参考价值,不过,把它们应用于教学,指导非母语的学习者使用"把"字句时,往往会遇到一些实际困难。在现阶段,还难说我们已经对"把"字句的意义和用法做出了准确的、覆盖面大、可操作性强的归纳和概括。

我们打算从利用几个有代表性的观点给日本学生讲授"把"字句时遇到的困难入手,分析问题的所在,然后提出一个以结构项目和时间顺序为基准的解析模式及动因分析方式,最后,对"把"字句的教学方法、顺序和重点提出建议。本文不涉及汉日语对照的内容,但想说明一点:由于日语是ＳＯＶ型语言,其典型的及物动词带宾语的句子与"把"字句的结构和语序基本一样。所以,对日语母语的学习者来说,"把"字句这一句法形式本身,既不难理解,也不难接受。

我们认为"把"字句的成句和使用,主要是韵律调整、叙述起点同事件结构的句法

整合、转喻等作用的结果，和目前为止概括出的语义特征关系不大，但我们并不排斥对意义的考察，更不否定以往在语义方面的研究成果，只是想以先行研究为基础，从技术层面(主要是可操作性上)摸索出一个句式研究和教学的新模式。

1. 几个有代表性的观点的验证

对于"把"字句的成句动因，或曰句式语义，先后有过"提宾"说(黎锦熙，1924；吕叔湘，1942)、"处置"说(王力，1943)、"致使"说(薛凤生，1994；张伯江，2000；郭锐，2003；叶向阳，2004；胡文泽，2005 等)、"事象界变"说(张黎，2007)、"凸显致使性影响的结果" 说(施春宏，2010)等。其中的"提宾"含有"将宾语提前，加以强调"的意味；是否"凸显致使性影响的结果"，具有可选择性，也可认为是使用动因。关于使用动因，还有"主观处置"说(沈家煊，2002)。作为这些学说的论据，下面的几个论点为人们所熟悉，并常常被用于教学。我们分别用一组典型的例句等将它们列出并验证其解释力。

1.1 "擦" 能说，"写" 不能说

不少论著认为，"把"字句是"对既存的事物(对象)加以处置"，事物(即"把"的宾语)应先于行为而存在。所以，下面的(1)能说，(2)不能说。

(1) 他把黑板上的字擦了。
(2) *他把黑板上的字写了。

事实上，我们不光不说"他把黑板上的字写了"，也不说"他写了黑板上的字"、"他写黑板上的字"，("写"为"抄写"义时除外)，而说"他在黑板上写字"或"他往黑板上写字"。因为只有这样，才符合时间顺序(详 4.2、5.1 和 5.2)。可见，就算"既存的事物"是成句动因之一，也不是专属"把"字句的。

1.2 "脱" 能说，"穿" 不能说

有的研究还提出，即使是先于行为而存在的事物，还要看"一个事物脱离事件是否独立存在"。比如人不是生来就穿衣服的，所以，对人的身体来讲，要穿的衣服不可能脱离"穿"这个行为而独立；相反，穿上的衣服能脱离动作"脱"而独立。因此，下面的(3)能说，(4)不能说。

(3) 他把衣服脱了。

(4) *他把衣服穿了。

　　这一分析不太好解释为什么"把衣服穿上、他把衣服穿反了"等就可以说。要对非母语的学习者讲清并证明"穿"换为"穿上""穿反"以后，要穿的衣服就可以脱离"穿"这个行为而独立了，决非易事。

1.3 "丢"能说，"捡"不能说

　　沈家煊(2002)提出了"主观处置"的思想，这对"他把孙梅方看了一眼"、"小芹把自己的妈恨得要死"等"把"的宾语既无损益，又无变化的"把"字句非常有解释力。不过，也有在教学中不易讲解说明的部分。例如，该文指出的"把"字的宾语是说话人的移情对象，人一般寄情于想得到而没有得到，得到了而又失去的东西。所以，下面的(5)能说，(6)不能说。

(5) 他把钱包丢了。

(6) *他把钱包捡了。

同类的例子还可举出：

(7) 他把书还了。

(8) *他把书借了。

　　沈文还指出，完全失去的东西比部分失去的东西更容易获得同情，因此，(9)和(10)语义上有差别。前者要理解为汤已经喝完，后者不一定已经喝完。对这一现象，也有的学者称之为"把"字句的"高及物性"(high transitivity)。(Sun, 1996)

(9) 他把汤喝了。

(10) 他喝了汤了。

　　上述论点除了和1.3一样，不好解释为什么"他把钱包捡起来"、"他把书借来了"等就可以说以外，还需要进一步论证，以汉语为母语的人为什么一般不寄情于要"捡"的"钱包"、要"借"的"书"等想要得到的事物。关于(9)、(10)，详见下文的2.2。

1.4 "意外"能说，"意内"不能说

　　一些论著指出，"把"的无定名词宾语都含有出乎意料的意思。动作前不存在，通过动作而存在的所指对象不能成为"把"的宾语。如"*把个孩子生了"、"*把一间屋盖

了"、"*把件毛衣织了"等。因为从客观上讲，我们不可能对还不存在的事物进行某种处置。但如果动词带上后附成分，使动作变成一种"意外的行动"，客观处置因而变成主观处置，那就可以用"把"字句了。例如：

(11) 小张把个孩子生在火车上了。（引自沈家煊，2002。下两例同。）

(12) 你总不能把房子盖到人家去吧。

(13) 小林把一件毛衣织得又肥又长。

这一论点对下边的(14)－(16)为什么能说，同样不好解释，因为难说它们含有"出乎意料的意思"。

(14) 他们结婚以后想把孩子生在美国。

(15) 先把房子盖上。

(16) 快点儿把毛衣织完／好。

似可辩解说，(14)的"孩子"、(15)的"房子"、(16)的"毛衣"不是无定名词，或者说"生在美国"、"盖上"、"织完／好"也是主观处置。但这样一来，"动作前不存在，通过动作而存在的所指对象不能成为'把'的宾语"和"意外的行动"这两个条件就不成立了。与此同时，"我们不可能对还不存在的事物进行某种处置"的说法也变得似是而非。

1.5 有"致使"义能说，无"致使"义不能说

叶向阳(2004)提出，"把"字句的基本语义特征是致使。如果动词含有使"把"的宾语发生某种变化的意思，则有致使义，能说。如"遛马"有"牵着马慢慢走，使马解除疲劳或减轻病势"的意思，而"骑"的词义本身没有致使义。所以，(17)能说，(18)不能说。

(17) 把马遛遛。

(18) *把马骑骑。

如果把观察对象限定为动词的重叠形式，这组例句似有一定的说服力。不过，且不说"致使"义是否为"把"字句所独有尚需研究（参看施春宏，2010），就算是"把"字句所独有的，对"你先把马骑上再说"、"快点儿，把马骑上啊"、"他把马骑了几圈儿"、"小李把那辆车骑了一年又卖了"等，也难说"骑上"有致使义，更难使学习者掌握并判定"骑"的后面出现了哪些成分以后，就会产生致使义。

至于为何"遛"采用重叠的形式时自然，而"骑"采用"V＋补"的形式时自然，我们认为，这与"遛马"和"骑马"这两种行为的不同性质以及由此导致的使用几率的高低等因素有关。不单是"把"字句的问题。类似的例子还可随机举出一些。如"(你)把衣服试试"自然，"(你)把衣服脱脱"不自然，但"(你)把衣服试了"不自然，"(你)把衣服脱了"自然。我们既不能只根据重叠形式说"试"有致使义，"脱"没有；也不能只根据"V＋补"形式说"脱"有致使义，"试"没有。

1.6 "有变"能说，"没变"不能说

张黎(2007)从认知类型学的角度，提出了"把"字句是"事象界变的解析性陈述式"的观点，认为"把"字句的N2在承受动作后一定是一个变体，如果N2没有变化，"把"字句不成立。如：

(19) ?小王没把书还了。(引自张黎，2007。下同。)

(20) ?小王没把杯子打碎了。

"事象界变的解析性陈述式"的看法，是揭示"把"字句性质的一个独特视点，不过，(19)、(20)不能说的原因在于"没"和"了"的共现。如果说"小王没把书还给我"、"小王没把杯子打碎"，则句子自然。换言之，是否"有变"，也不能说是决定"把"字句成立的动因。即使退一步认为"没把书还给我"、"没把杯子打碎"的"书"和"杯子"也有发生变化的可能性，但是上文提到的"他把孙梅方看了一眼"等其中的N2连潜在的变化义也不存在的"把"字句并不在少数。这一质疑同样适于上文的1.6，很难说"把X看了一眼"的"看"或"看了一眼"有致使性。

2. "把N V"后的"了"的性质

2.1 上面的几个论点，除"致使义"以外，大都涉及到对"把"字句里V后的"了"的性质的认识问题，也就是将其看作体标记，还是看作结果补语的问题。看作体标记的话，对比能说的"擦""脱""丢"等句和不能说的"写""穿""捡"等句，确实给人以找到了"把"字句是否成立的若干动因的印象。而如果看作结果补语，问题的性质则完全不同。马希文(1982)提出，"把"字句中V后的"了"并非单纯的时体标记，而是一个结果补语或结果补语与时体标记的叠合。此后的一些研究，也认同或提及这一观点。

但在讨论V的语义和"把"字句的使用动因时，却往往忽略这一点对若干语义特征和动因解释的根本性的否定作用。因此，很有必要重提。马希文指出：

(21) 把它扔了。

是一个有歧义的句子，既可以理解为未然的命令句，也可以理解为已然的叙述句。即：

  a. 未然命令句＝把它扔掉！
  b. 已然叙述句＝把它扔掉了。

作为命令句时，"了"是动词"了(liǎo)"的弱化形式，在北京话里的实际读音为lou，放在动词后做补语。这个 lou 在叙述句里和表完成的"了(le)"共现时，必须省略。所以，作为已然的叙述句的"把它扔了"的实际结构是："把它扔了了＝把它扔掉了"。上文的提到的部分例句也属这种情况。例如：

(22) 把黑板上的字擦了。

(23) 把衣服脱了。

(24) 把钱包丢了。（a. 注意别把钱包丢了。b. 昨天把钱包丢了。）

(25) 把房子拆了。

(26) 把书还了。

(22)－(26) 里的"了"都是这一性质的。换言之，这几句都是未然句和已然句的同形格式。对这一点，马文通过北京话的"啊"音变和同苏州话的"脱(＝了liǎo)"和"哉(＝了le)"的对比等做了证明。如：

(27) 把药吃了啊(wa)？（引自马希文，1982。下同。）

  「引者注：如果"了"是体标记le，按"啊"音变规律，句末的"啊"应读ya。」

(28) 铜钱丢脱哉。

  「钱丢掉了。←引者加。」

这一证明是令人信服的。一组意义相反、相近、相对或相关的动词在最小的分布环境V＋as（指时体性成分）和其他分布环境时都能加上同一个时体标记（如"了"），唯独在既能构成未然句，又能构成已然句的"把"字句里失衡，只有其中的一个能出现，而另一个不能出现，这无论是从句法的角度，还是从语义或认知的角度，都是很难解释的。如果马文的看法不能被证伪的话，前面提到的一些先行研究的论点和对例证的分析都需重新审视，"把X写了"、"把X穿了"、"把X捡了"等之所以不能说，和动词的语义特征

(如"去掉""消失""受损""致使"义等)、"把"的宾语所表示的事物的性质、说话人有无主观移情、N2有无变化等都无关系,原因只在于"写、穿、捡"类动词不能带"了(liǎo→lou)"做补语。换言之,只要是动词后有补语,作为"把"字句就能成立。

按马文的观点推演出的下列各组,可以进一步证明上面的说法。

(29) a. 把衣服脱了。

　　b. 把衣服穿上。

(30) a. 把房子拆了。

　　b. 把房子盖上。

(31) a. 把书还了。

　　b. 把书借来。

(32) a. (注意别)把钱包丢了。

　　b. 　　把钱包捡起来。

(29)—(32)都是成对儿的未然"把"字句。我们只能说一部分动词(a 句中的动词,参看吴葆棠,1987;高顺全,2005;朱德熙,2010)的补语可以是"了 liǎo"的弱化形式"了 lou",而另一类动词(b 句中的动词)的补语不是这个成分,是"上、来、起来"等其他成分;不能说任何一类动词只加体标记"了"就能构成"把"字句。

2.2 沈家煊(2002:392)认为,"了"和"过"都是体标记,单纯的动词能加"了"构成"把"字句,但不能加"过"构成"把"字句,尽管"V了"和"V过"都是复杂形式。因此,该文对"我把野菜吃了"可以说,而"我把野菜吃过"不能说的解释是:"用'V了'比用'V过'的主观性强"。依照马希文(1982)的观点来看,"我把野菜吃了"是"我把野菜吃了(liǎo)+了(le)",只有它才是复杂形式,而"我把野菜吃过"的"V过"只是单纯形式。

至此,对"(9)他把汤喝了"与"(10)他喝了汤"的意义差别产生的原因,也能做出解释:"他把汤喝了"的"了"是"了(liǎo)+了(le),所以是"已经喝完"。毋庸讳言,这既非移情所致,也与"高及物性"无关。

通过上面的验证,我们只能认为,如果说有一个"没有它就无法构成'把'字句"的必要条件的话,在目前的研究阶段,只能说这个条件是动词的复杂化。具体地说,就是前有状语或后有补语。而动词的意义、是否表逻辑过程的结束、"把"的宾语是否表

既存的事物、是否含有"出乎意料"的意义、说话人是否想"寄情于它"等，即使对一部分"把"字句有解释力，充其量也只能称为依附于这个必要条件的充足条件[1]。因为如果没有 V 前后的成分，即使是具备上述条件的"把"字句，如"把黑板上的字擦、把衣服脱、把钱包丢、把房子拆、把书还、把孩子生"等都不自然。

3. "把"字句中 V 的前后成分的作用

3.1 V 前后成分的有无，对"把"字句是否成句至关重要，但却难以用一个或几个语义特征来概括，我们推测，这和"把"字句滥觞的原始动因有关。关于"把"字句产生的历史原因，目前尚无定论（参看王力，1958等），不过从先行研究揭示的大量语料来看，有一点值得注意：这就是早期的"把"字句，有很多是为了适应韵文的押韵需求而被使用的。例如白居易的《戏醉客》，首句是"莫言鲁国书生懦"，第三、四句是"醉客请君开眼望，绿杨风下有红旗"。我们可以推想作者写诗时的构思和推敲过程，作为七绝，和首句、三、四句"相配， 第二句就不能是"莫欺杭州刺史"，而最好组成"莫把杭州刺史欺"之类的句子。再如孟郊的《求友》，前三句为"求友若非良，非良中道变。欲知求友心"， 和这三句相配，第四句也不能是"先炼□黄金" 一类的句子，而最好是"先把黄金炼"。（"莫把杭州刺史欺"和"先把黄金炼"两句转引自太田辰夫，1958、中文修订译本2003。其他各句及分析为笔者所加。）

这启示我们，至少有一部分"把"字句产生的原因，与语义要求无关，而是为了适应韵文的形式要求而做出的成分位移。用传统语言学的观点来看，这是一种修辞手段；用现代语言学的视点解释，可以认为，这是表现为语体调整的一种语用策略。

基于这一认识，我们假定："把"字句要求动词的前后有其他成分的动因之一，是为了改变语体，以区别韵文和散文、书面语和口语。换言之，是为了适应"脱离韵文"的需要。

3.2 这一点可以通过现代汉语的实例来进一步证明。冯胜利(1997)指出，在当代戏曲里，动词挂单的例子并不少。如"一个个伸出拇指把你夸"、"把作战计划反复推敲"等。冯文提出不能仅从语义上解释这一现象，我们完全赞同，并想从另一个角度强调，此类句子之所以通不过我们的语感，而如果说成"一个个伸出拇指把你夸了半天"、"把

---

[1] 构成共时口语"把"字句的充要条件当然迟早会被揭示出来。目前我们拜读到的接近这一目标的研究论著，当数郑定欧(1999)。本文在构思的过程中，参考了该书的思路。

作战计划反复推敲了好几遍"等就能接受,主要原因在于我们觉得前者是在唱歌,而不是在日常生活里说话,并不在于认为前者与后者比,在语义上缺少什么或违反了什么语法规则。换言之,这是一种语体的适合与不适合,而不是语义的完备或缺失,亦非语法上的"合法"或"不合法"。

我们认为,所谓语感,实际上包括"语义感、语法感、语体感"等若干种,光杆儿动词"把"字句难以通过的,主要是语体感。从形式看,由韵文变为非韵文要通过改变结构或使结构复杂化来改变长度。所以,出现了冯文所说的"动词后的成分越多、越复杂,句子说起来就越舒服"的现象。如:

* 我把书看。

? 我把书看了。

我把书看完了。

我把书看了好几遍了。(引自冯胜利,1997:90。第二句前的?为引者所加。)

这同样可以用来说明为什么"把+V+了(lou)+了(le)"的句子(如"把衣服脱了")可说,而"把+V+了(le)"的句子(如"*把歌唱了")作为"把"字句不能成立的原因为后者只是韵文"把"字句(如"翻身农奴把歌唱")的有标已然形式[2],只加"了(le)"使它既不合韵文的语体("翻身农奴把歌唱了"),又未能改变结构(如"唱了歌")或使结构复杂("把歌唱完了")。所以,作为两种文体的句子都不能说。

4. "把"字句的"项"与句式的解析

4.1 鉴于上述,我们认为,在二语教学中,对"把"字句的解析应以形式(=长度)为基准,以语用需求为中心,而尽量淡化语义因素。具体地说,就是不谈"把"字句的动词语义、宾语语义、句式语义等,只讲"把"字句的构成。(如前所述,到目前为止,学界尚未概括出能统领所有"把"字句的语义特征)。施春宏(2010)提出在句式群中研究"把"字句。我们吸收这一思想,并参考刘丹青(2003),主张教授"把"字句先从在"介词群"中讲授"把"开始。如先讲解:

---

[2] 按照"常规形式为无标形式"的观点,也可称为"无标形式"。

"在"+动作的场所+V

"从"+动作的起点+V

"为"+动作的目的+V

"被"+动作的施事+V

……

"把"+动作的对象+V

等。然后,根据"把"字句所含有的事件结构的项,区分"把"字句的类型,将其分为:四项"把"字句、三项"把"字句和二项"把"字句三类,再分类说明它们的使用动因,最后,指导学习者参照解析,自己生成"把"字句。

目前的一些辞书,包括《现代汉语词典》和《现代汉语八百词》,多用近乎解释实词的方式解释介词。如说:"'在'表处所,'把'表处置"等。我们认为,介词是起某种语法作用的成分,不是表义的。"在"不表处所本身,"把"也不是处置行为。准确的说法是"标示"。应说"'在'标示处所,'把'标示处置"等。

4.2 所谓"事件结构"(event structure),是指借助语言形式传达的某一件事的参与者、起因、路径(进展方式)、时间顺序、结果状态等要素及其相互关系(参看影山太郎,1996;周长银,2010等)。一般地说,一个事件是一个由若干要素按照一定的关系构成的结构。因事件的复杂程度不同,构成要素的数量也不一样。例如:"孩子病了"这一事件有"主体"和"变化"两个要素,"田中喝啤酒"这一事件有"动作者""动作"和"动作对象"三个要素;"他在院子里种柿子树"这一事件,有"动作者、场所、动作、动作对象"等四个要素。我们依次称它们为二项事件、三项事件、四项事件。

4.3 "项"的数量相同的事件,所发生的时间顺序及其作为认知结果被表述的顺序未必相同。认知语言学和语用学的研究认为,语言形式与所反映的事件结构之间有象似性(iconicity)(参看沈家煊,1993等)。汉语的语序是事件发生的时间顺序的摹写,"先发生的先说,后发生的后说"。另外,与某些语言对比,汉语在信息排列上有"先旧后新"的倾向(参看Tai,1984;王占华等,2008)。我们认为,这些观点基本上符合现代汉语普通话的事实,不过,还有一个左右语序的重要因素不容忽视,这就是说话者的"叙事起点"。

所谓"叙事起点(narrate starting point)",是指说话人依据自己的认知内容和意向对事件的表述角度。说话者表述一个事件的时候,可以根据事件实际发生的时间顺序和自己在说话时点的认知状态选择一个成分作为叙事起点,选择另一个成分作为叙事续点,以实现最佳传信效果,突出想要突出的信息。从理论上说,他所使用的语言体系应该为之提供准确地表达不同叙事起点、续点的句法形式。叙事起点等不一样,句中各部分的信息的新旧性质也不一样。

例如:对由"a.田中"、"b.喝了"、"c.冰箱里的啤酒"构成的事件,可以通过选择不同的叙事起点、续点,分别传达"田中做了什么、冰箱里的啤酒怎么了、田中对冰箱里的啤酒采取了什么行动"等不同的信息以及这些信息的新旧性质。

选择 a 的"田中"为叙事起点、b 的"喝了"为叙事续点时,句法形式为:

(33)田中喝了冰箱里的啤酒。

选择 c 的"冰箱里的啤酒"为叙事起点、a 的"田中"为叙事续点时,句法形式为:

(34)冰箱里的啤酒被田中喝了。

选择 a 的"田中"为叙事起点、c 的"冰箱里的啤酒"为叙事续点时,句法形式为:

(35)田中把冰箱里的啤酒喝了。

对听话人或说话人来说,"冰箱里的啤酒"是新信息时,选择(33),"冰箱里的啤酒"是旧信息时,选择(34);"冰箱里的啤酒"和"田中"都是旧信息时,选择(35)。

说话人选择不同的叙事起点和续点,构成不同语序的话语动机,主要有以下三个:

1. 反映事件实际发生的时间顺序。
2. 反映说话者对已然事件的表述调整。
3. 反映说话者基于内化的认知系统(knowledge internalization)所能做出的可能的排列。

下面用这些概念和观点来区分"把"字句的类别,分析其使用动因。

5. "把"字句的"项"分类及其教学
5.1 四项"把"字句/结构"把"字句/必"把"句

四项"把"字句所反映的事件结构有四项内容。如下列各句:

(36) ⅰ 你把 ⅱ 桌子 ⅲ 搬到 ⅳ 屋里。

(37) ⅰ 林霞把 ⅱ 香蕉 ⅲ 剥了 ⅳ 皮,递给袁莉。

(38) i 他把 ii "卖房启事" iii 写成了 iv "卖房启示"。

(39) i 移民们把 ii 塔里木盆地 iii 当作 iv 自己的故乡。

这类"把"字句的基本特征是第四项处在时间顺序的最终端。在共时的平面上,以施事为叙事起点、以动作对象为叙事续点表达这类事件的句法形式只有"把"字句一个,不用"把"字句,就无法组成合格的句子。这表现了语法结构的强制性,所以,我们称四项"把"字句为"结构'把'字句",也称为"必把句"。这种"把"字句是语言形式、事件结构的时间顺序、叙事起点的一种句法整合(详见王占华,2010)。

非母语汉语学习者的母语(如日语)里当然也有表达上述四项结构事件的形式,通过对四项"把"字句的解析,以事件结构为中介,建立事件结构、母语、对象语三者间的联系,即可在教学中指导学习者使用"把"字句。

在指导时,最重要的是避免错句的"产出"。为此,应准确地把握三点:

(一)正确的"输入"。作为解析对象的四项"把"字句,一定要具有典型性和可复制性,不应是在能说和不能说上有争议的句子,也不是使用频率极低的"莫须有"句。

(二)使学习者建立时间顺序的观念,理解时间顺序对叙事起点和续点选择的制约。这样,就会杜绝"我把饺子吃在五道口食堂"一类的非句。

(三)指出四项"把"字句在句群中的特定位置和功能,说明不是所有的四项结构事件都用"把"字句表达(参看施春宏,2010)。用与不用,与说话者的认知取向以及叙事起点、续点的选择有关。例如,对由"他"、"院子"、"种"、"柿子树"构成的事件,如果说话者认为"院子"是"种"这一动作的场所,处于时间顺序的前列,则选择"他"为叙事起点,"院子"为叙事续点,使用与"他在院子里打球"相同的句式,说

(40) 他在院子里种柿子树。

如果说话者认为"院子"是"柿子树"的被埋定点,处于时间顺序的终端,则选择"他"为叙事起点,"柿子树"为叙事续点,使用与"他把桌子搬到院子里"相同的四项"把"字句,说

(41) 他把柿子树种在院子里。

对于句式的选择、"在"、"~里"、"N前数量成分"的使用等,应放手让学习者根据自己的综合语言能力判断,不能将其与"把"字句的使用条件混为一谈。此外,还应最大限度地利用学习者母语的语法规则。如(40)的"在"和(41)的"在"在日语里是两个完全不同的助词,学习者对两者的分化和选择,比汉语母语的教师想象的要准确

得多。把一些以研究者为对象的专门分析相关现象的论著(如金立鑫,1993;张旺熹,2001等)引入教学,他们也能很准确地理解。

5.2 三项"把"字句/视点"把"字句/可"把"句

三项"把"字句所反映的事件结构有三项内容。上文多有列举,再如:

(42) i 他 ii 房子 iii 卖了。

(43) i 你把 ii 帽子 iii 戴上。

这是讲解"什么时候用,什么时候不用"时最让人头疼的"把"字句。张伯江(2000)从功能的角度提出,"把"字句的最大特点就是它的语序格局,应该如何了解这种语序格局的功能?日本的一些学者则通过多年的实践,全面论述过它们在教学上的难度(铃木慶夏,2010)。还有的学者结合教学,提出了自己的方案。如古川裕(2008)的"中立的事态描写用ＳＶＯ句,从施事开始的描写用'把'字句";佐藤晴彦(2009)的"焦点放在'谁做了那个动作'上时,用'把'字句等。

我们参考这些研究成果,主张让学习者从"叙事起点""叙事续点"的角度,把握三项"把"字句的用或不用。具体做法如上文4.3,不赘述。

叙事起点和续点的选择具有一定的主观性,但有时也受时间顺序的制约。例如:

(44)? a. 对不起,我没忍住,看了你给他的信。

　　　 b. 对不起,我没忍住,把你给他的信看了。

(45)　a. 我看了你的信,觉得你说的对。

　？b. 我把你的信看了,觉得你说的对。

(44)的"看"是不想实行,但最后未能抑制的行为,处于时间顺序的终端,所以,a不如b自然。而(45)的"看"是主动进行的自主动作,(b)不符合时间顺序。

沈家煊(2002)认为"别把书乱扔"可以说,"别把书乱看"不能说,是因为前者的说话人钟情于书,而后者不然。我们认为,对非母语的学习者来说,更容易理解的是时间顺序。因为前者的时间顺序是"书→扔",而后者的时间顺序是"看→书",所以,后者不自然。如果不是未然的命令(祈使),而是已然的事实,那说话人则可选择叙事起点,可以说"他胡乱看了一些/两遍/几页医书"也可以说"他把医书胡乱看了一些/两遍/几页"等。冯胜利(1997:90)甚至认为"我把书看了"也能说。对能说的"把书X看Y"(X指状语性成分,Y指包括"了"的各种成分)句,很难从说话人是否"钟情于书"

的角度进行教学。

叶向阳(2004)举了与此类似的一组句子,但她认为"把书乱扔"可以说,是因为"乱扔"导致"东西散乱各处",有致使性;而"把书认真看"不能说,是因为"认真看"没有致使性。这一观点对上文的"我把书看了"以及"我把书认真看了(如果是"我把你的信认真看了"就更自然)、"我把这本书认真看了两遍"等的解释力同样非常屡弱。(起码在二语教学上是如此)。不妨说,V的前加成分,状语、动词重叠等,更适合构成表命令、禁止等的未然"把"字句(?他把书乱扔了。);而V的后加成分,如 "了(lou)+了(le)"的"了"等,更适合构成已然"把"字句。这也与本节所说的时间顺序有关。

5.3 二项"把"字句/转喻"把"字句/移情句

二项把字句所反映的事件结构只有两项内容。如:

(46)他把孩子病了。　　　　　(事件结构项: ⅰ孩子 ⅱ病)
(47)她去年把丈夫死了。　　　(事件结构项: ⅰ丈夫 ⅱ死)
(48)小军把笼子里的鸟儿飞了。(事件结构项: ⅰ鸟儿 ⅱ飞)

这类"把"字句出现于近代汉语,只在一个很短的时期内有能产性,其后直至现在也未见有"病了""死(故、亡、没)了""跑(走、逃)了"类以外的新成员产生(详郭浩瑜2010)。

我们认为,二项"把"字句并非独立的种类,它与三项"把"字句是转喻和原型的关系。根据N1与N2之间如无领属或亲属关系,句子就难以成立(如"*他去年把邻居江大爷死了")或N1难以出现("[ ]偏又把个凤丫头病了")等特点,我们主张把这类"把"字句重新解释为"S把O失去了"一类由非自主动词构成的表"无意或无奈而失去所有物"的三项"把"字句的转喻形式。我们觉得,用沈家煊(2002)的理论来看,这种"把"字句才是地地道道的移情"把"字句,表说话者对句中言及的事件、人物的同情、责难、吃惊、后悔、无奈等主观意识。它们多为表事态不可逆转的已然句,可选择性小,范围有限,是一种词汇化的句法形式。

虽然在研究中人们常常用二项"把"字句的例子来强调"把"字句的多样性,置疑或否定对三项"把"字句的分析,但是很明显,它不是"把"字句的主流,甚至也不是句法结构意义上的句子。如果囿于表面形式,不承认它们是三项"把"字句的转喻,就只能认为其中的ⅰ是V的施事或主体,从而无法跳出用特殊形式否定一般形式,用封闭

形式否定开放形式的研究怪圈。

二项"把"字句的教学,可以用词汇教学的方式进行。不言而喻,它们不是"把"字句教学的重点。

5.4 "把"字句的教学顺序

参考吕文华(1994)等,我们的建议是:结构"把"字句(四项"把"字句)→视点"把"字句(三项"把"字句)→转喻"把"字句(二项"把"字句)。

参考文献

冯胜利 1997 《汉语韵律、词法与句法》,北京:北京大学出版社。

高顺全 2005 「跟"了1"相关的有标记现象」,齐沪扬主编《现代汉语虚词研究与对外汉语教学》,上海:复旦大学出版社。

郭浩瑜 2010 「近代汉语中的一种特殊"把"字句——遭受义"把"字句」,《语文研究》总第2期。

郭 锐 2003 「"把"字句的语义构造和论元结构」,《语言学论丛》第28辑,北京:商务印书馆。

胡文泽 2005 「也谈"把"字句的语法意义,《语言研究》第2期。

金立鑫 1993 「"把OV在L"的语义、句法、语用分析」,《中国语文》第5期。

黎锦熙 1924 《新著国语文法》,北京:商务印书馆,1992。

刘丹青 2003 《语序类型学与介词理论》,北京:商务印书馆。

吕叔湘 1942 《中国文法要略》(1982重印版),北京:商务印书馆。

吕文华 1994 《对外汉语语法教学探索》,北京:语文出版社。

马希文 1982 「关于动词"了"的弱化形式／。lou／」,《中国语言学报》第1期。

沈家煊 1993 「句法的象似性问题」,《外语教学与研究》第1期。

沈家煊 2002 「如何处置"处置式"?——论把字句的主观性」,《中国语文》第5期。

施春宏 2010 「从句式群看"把"字句及相关句式的语法意义」,《世界汉语教学》第3期。

王 力 1943 《中国现代语法》,北京:商务印书馆。

王 力 1958 《汉语史稿》,北京:科学出版社。

王占华 2010 「事件结构与叙事起点的句法整合——论建立以"必把句"为核心的"把"字句教学模式的理论依据—」,《汉语与汉语教学研究》创刊号,日本东方书店。

吴葆堂 1987 「一种有表失义倾向的"把"字句」,中国社会科学院现代汉语研究室编《句

型和动词》，北京:语文出版社。
薛凤生 1994 「"把"字句和"被"字句的结构意义——真的表示"处置"和"被动"?」，戴浩一·薛凤生主编《功能主义和汉语语法》，北京:北京语言学院出版社。
叶向阳 2004 「"把"字句的致使性解释」，《世界汉语教学》第2期。
张伯江 2000 「论"把"字句的句式语义」，《语言研究》总第38期。
张　黎 2007 「汉语"把"字句的认知类型学解释」，《世界汉语教学》第3期。
张旺熹 2001 「"把字句"的位移图式」，《语言教学与研究》第3期。
郑定欧 1999 《词汇语法理论与汉语句法研究》，北京:北京语言文化大学出版社。
周长银 2010 「事件结构的语义和句法研究」，《当代语言学》第1期。
朱德熙 2010 《语法分析讲稿》，北京:商务印书馆。

王占華 一木達彦 苞山武義 2008 『中国語学概論』，東京：駿河台出版社。
太田辰夫 1958 《中國語歷史文法》，東京：江南書院。中文修订译本, 2003, 北京:北京大学出版社。
影山太郎 1996 『動詞意味論』，東京：くろしお出版。
佐藤晴彦 2009 『長文読解の"秘訣"』，東京：アルク。
鈴木慶夏 2010 「非専攻中国語教育からみた把構文教学の現状と課題——把構文の何が難しいのか——」，『中国語教育』第8号。
古川裕　2008　『中国語の文法スーパーマニュアル』，東京：アルク。

Sun, Chaofen 1996 *Word-order change and grammaticalization in the history of Chinese*, Stanford:Stanford University Press.

Tai, James, H-Y. 1984 "Verbs and times in Chinese: vendler's four categories. in David Testen et al.(eds.), *Parasession on lexical semantics*, 288-296. Chicago: Chicago Linguistic Society.

第2章-2

处所短语句的蕴涵与"在"的隐现

要旨 中国語の動作に関する場所を導く介詞は、明白な役割の分担があると言える。例えば、「从」は「起点」、「到」は「終点」、「往」は「方向」を表す等。しかし、場合により、これらの介詞を使用すべき位置に、「在」をかわりに置くことができ、「在=从」、「在=到」、「在=往」という状況が生じる。本章は先行研究を踏まえ、蘊涵(implication)の角度から、「在」の出現の可否の要因を分析し、必ず「在」を用いなければならない場合とほかの介詞のかわりに「在」を用いることも可能な場合について、それぞれの条件をまとめた。さらに、多くの文例を検証し、条件の有効性を証明した。

0. 引言

0.1 处所短语句,指包含"介词+处所成分"的句子。如"他在食堂吃饭、病人躺在床上"等汉语用来导引"食堂、床上"这类处所成分的,是一个介词集合(set),其成员如:

(1) 表动作起点的"从"。
　a．他从书包里拿出一本书。
　b．小李从上海来。
(2) 表动作的指向的"往"。
　a．他往黑板上写字。
　b．我们往前走吧。
(3) 表动作的经过点的"沿着"。
　a．咱们沿着湖边散散步吧。
　b．我们沿着铁路走吧。
(4) 表动作的终点的"到"。
　a．林林把杯子放到桌子上。
　b．你们学到第几课了。

(5) 表动作的进行点的"在"。

　　a．我们在华盛顿照了不少相。

　　b．我们在路上照了不少相。

值得注意的是，有时(1)～(5)的功能，都可以由"在"来承当。如上文(1)～(4)中的 a，也可分别说成：

(1) a′ 他在书包里拿出一本书。

(2) a′ 他在黑板上写字。

(3) a′ 咱们在湖边散散步吧。

(4) a′ 林林把杯子放在桌子上

有时候，"在"还可以不出现。如(5)的 b 也可说成：

(5) b′ 我们路上照了不少相。

与此相对，(1)～(4)中的 b 的介词不能换成"在"，(5) a 里的"在"，也不能去掉。本文把(1)～(4)的 a′和(5)的 a 看成"在"的现句；把(1)～(4)的 a 和(5)的 b′看成"在"的隐句，打算讨论一下"在"的隐现条件。

　　0.2 目前为止的研究，对包含"在"的处所短语句，做了大量的讨论。对于"在"的隐现条件，从结构关系。音节数量。语义特征。变换方式等角度，都有人做过探讨。如陈庭珍(1957)认为，处所前出现动作主体时，用"在"。范方莲(1963)推测，存现句中"在"出现与否的原因，在于"在"后的名词性成分有无修饰语。郭熙(1986)认为，"Ｖ在 L（locative, 下同）"中的"在"的脱落，与语音变化、音节数量有关。冈本俊裕(1991)提出，有"着"的存在句中"在"的有无，取决于句子表达的是行为还是现象。徐丹(1994)认为，ＶＸL 的Ｘ(指"在、到"等)，如果可省略的话，则是一个表体(aspect)的成分。赵金铭(1995)认为这个"Ｘ"在口语里的省略是古代汉语的残留。

　　0.3 上述论述各有独特的着眼点和解释力，以下将在必要的部分予以评介。本文准备换一个方向，从蕴涵(implication)的角度，考察处所短语的蕴涵内容同"在"的隐现之间的关系，并藉此探讨"在"的作用与性质。

　　所谓蕴涵，是指从语言形式的规约意义(conventional meanings)出发，按照"如果 A，则 B"的关系模式推断出的附加信息。例如：

a．小王在汽车上看到了老李，两个人坐下谈了起来。

b．小王在汽车上看到老李正骑着自行车慢悠悠地走。

c．小王在汽车上看到了老李，正在招手让他也上车。

从 a 可以推断出:1. 小王在汽车上,2. 老李也在汽车上。从 b 可以推断出:1. 小王在汽车上,2. 老李不在汽车上。从 c 可以推断出:1. 小王不在汽车上,2. 老李在汽车上。如果把"小王"记做 S,把"汽车上"记做 L,把"老李"记做 O,那么可以认为:

a 蕴涵[＋S 在 L][＋O 在 L]

b 蕴涵[＋S 在 L][－O 在 L]

c 蕴涵[－S 在 L][＋O 在 L]

对一个语言形式的蕴涵,可以进行多角度的推断。如从 a,还可以推断出诸如"小王和老李认识、两人见面后没有马上下车",甚至于"小王和小李能操同一种语言"等。这些都可以叫做蕴涵的函项(functional item)。本文重点讨论与动作相关的处所问题,我们把与 L 有关的函项做为考察的主要内容。

我们认为,"在"的隐现,与处所短语中的这类函项有关。换言之,蕴涵条件的不同,决定了"在"有时必有;有时可隐可现。

1. "在"必有的蕴涵条件 1

1.1 在有些处所短语中,"在"一定要出现,不能省略,也不能换成其他介词。朱德熙(1982)依转换方式把含有"在"的处所短语分为四类[1]:

a．1. 他在床上躺着。

2. 他在黑板上写字。

b．1. 他在床上咳嗽。

2. 他在食堂里吃饭。

c．1. 他躺在床上。

2. 他字写在黑板上。

d．1. 水桶掉在井里。

2. 雨点打在窗户上。

含有"在"的处所短语句,种类还要复杂一些,我们先从这一分类入手,再及其他。在这四类中, a、b 的"在 L"在 V 前, c、d 的"在 L"在 V 后(关于其中的"在"的

同一性的问题,详后。)我们先考察"在L"在V前的。

1.2 从"在"是否必有的角度衡量,a、b两类势必重组如下:

a的1、b的1、2为一类,包括"他在床上躺着、他在床上咳嗽、他在食堂里吃饭"等。这一类中的"在"必有。以下称这类为ZB类。a的2"他在黑板上写字"为一类,这类中的"在"有时可隐可现。以下称这类为ZY类。

1.3　ZB类

朱先生认为,"他在床上躺着"一类格式中的L是他的位置,而"他在床上咳嗽"、"他在食堂里吃饭"一类格式中的L是事件发生的处所。我们觉得,两类格式都既蕴涵着[+S在L],又蕴涵着[+V在L]。如果"他在床上躺着"则"他在床上","躺"这一行为发生在床上;如果"他在食堂吃饭",则"他在食堂","吃饭"这一动作发生在食堂。换言之,两句中的L都既是他所在的位置,又是动作事件发生的处所。

朱先生把(1)与(2)(3)分成两类的形式依据是"在床上躺着→躺在床上",而"在床上咳嗽→*咳嗽在床上","在食堂里吃饭→*饭吃在食堂里"。我们觉得,这一变换确实可以揭示两类格式中的动词各具不同的语义特征,但无助于证明前者的在L只是人的位置,后者的在L只是事件发生的处所。恰恰相反,凭语言直觉,"躺在床上"可以说,似正可以证明"床上"是"躺"的位置,"咳嗽在床上"不可以说,正可证明"床上"不是"咳嗽"的位置。事实上,由于动作是S由来进行或实现的,在已然语态(和未然态相对,包括进行态[2])的条件下,我们很难把S所在的处所同动作发生的处所分开。

ZB类的蕴涵内容,还可以通过提问来证明。对于"他在床上躺着、他在床上咳嗽、他在床上吃饭",都可以"他哪儿? 在哪儿V"的方式来提问,得到的有效回答都是相同的L(床上、食堂)。

1.3.2 从构成成分上看　ZB类又包括三个小类:

ⅰ．表存在方式的"躺"类。如:

(1)辛明一直在沙发上坐着。

(2)供销科的李科长满脸怒气的踱着步,陈树海在门口站着一声不吭。

(3)一个时辰过去了,小太监还在那里跪着。

(4)油灯昏暗,看不请还有谁在门口蹲着。

ii. 表止于自身的动作的自动词"咳嗽"类。如：

(5) 哪个龟儿子才图你的谢！船老大在甲板上喊了起来。

(6) 英英在妈妈的怀里哭了。

(7) 牛郎到那儿一看，仙女们果然正在河里洗澡。

(8) 公司里的人说你总是在跳舞场里鬼混。

iii. 表止于自身的动作的他动词"吃"类。如：

(9) 这是天要我在这儿又碰见你。

(10) 比赛的那天，倪萍全家都在看电视。

从这三类动词构成的处所短语中，可以推断出共同的蕴涵，这些句中的"在"都不能省略，也不能换成其他介词。据此，我们可以得到在必有的蕴涵条件1：

[+S在L][+V在L]

2. "在"必有的蕴涵条件2

2.1 以下考察ＺＹ类。ＺＹ中的"在"不全是必有的，有些可以换为其他介词，有些可以省略。在朱先生原来的分类中，ＺＹ类只有"在黑板上写字"一类，我们参照其他论文，再加上一类[3)]，讨论两类ＺＹ。

a. 1. 他在黑板上写字。

2. 他在山顶上盖房子。

b. 3. 他在地里捡麦穗。

4. 他在房间里拿东西。

2.2 a 类ＺＹ中的动词，常列举的有"写、戴、挂、晾、插"等。据朱(1990)，这些动词都有附着于某处的语义特征。如"写"是"用笔在纸上和其他东西上做字"，"戴"是"把东西放在头面臂等处"。我们觉得，更准确得说，这类动词的语义特征是"使O附着或移向L"。如"在黑板上写字"是"使字附着于黑板"；"戴帽子"是"使帽子移向头"等。为此，以下利用［使O附着/移向L］这一函项进行考察。

2.2.1 a 类ＺＹ是多义格式，1和2都有三组不同的蕴涵。即：

1. 他在黑板上写字。

蕴涵Ⅰ：[-S在L][+使O附着/移向L][+V在L]

他在黑板以外的地方，把字写到黑板上。

蕴涵II：[+S在L][+使O附着/移向L][+V在L]

他坐在黑板上，把字写到黑板上。

蕴涵III：[+S在L][−使O附着/移向L][+V在L]

他在黑板上，把字写到黑板以外的地方。

在I和II中，"在"不是必有的，也可以换成"往"。换言之，蕴涵I和蕴涵II，都可以选取两个表层形式。这两个表层形式又可互换。即：

蕴涵I：{他在黑板上写字。/ 他往黑板上写字。}

蕴涵II：{他在黑板上写字。/ 他往黑板上写字。}

蕴涵III的"在"必有，不能换成"往"，它只能选取一个表层形式。即：

蕴涵III：{他在黑板上写字。*他往黑板上写字。}

2的"他在山顶上盖房子"同1一样，也有三种蕴涵：

蕴涵I：[−S在L][+使O附着/移向L][+V在L]

他在山顶以外的地方，把房子盖到山顶上。

蕴涵II：[+S在L][+使O附着/移向L][+V在L]

他在山顶上，把房子盖到山顶上。

蕴涵III：[+S在L][−使O附着/移向L][+V在L]

他在山顶上，把房子盖到山顶以外的地方。

同1一样，在I和II中，"在"不是必有的，同样也可以换成"往"；蕴涵III的"在"必有，不能换成"往"。就可能实现的意义来看，1和2并不一样。1实现几率最高的是蕴涵I，2实现几率最高的是蕴涵II。其他则属非正常语境（如童话、神话、特殊情况等）意义，但都是这两种格式可能具有的意义。有的研究认为，"玲玲在墙上写字"中的"在+L"是后指的，而"他在书房里写字"中的"在+L"是前后双指的"。这样的分析，没有区分"实现意义"和"可能实现的意义（潜在意义）"，不足以揭示一种句式的全部特点，本文不取。我们认为，两者都是双指的。

句中的"在"与"往"虽可互换 但作用并不等同。"往"用于导引动作的方向，指示O移向L的动作动程。"在"用于指示SV的所在。指示无移动的存在，而不表示动程，即蕴涵[−使O附着/移向L]。

2.2.2 处所短语句是否蕴涵着[−使O附着/移向L]，可以从各部分的关系上判断

出来。在正常语境下，如果S后面的L是S存在的处所，则句子蕴涵［-使O附着/移向L］"在"必有。如果S后面的L不是S存在的处所，则句子不蕴涵［-使O附着/移向L］"在"可隐。

比较以下各例：

(1)a. 和别的个体户一样，赵志强也在(/往)车门上喷了"自用"两个大红字。

　b. 别的个体户去喷漆厂喷字，赵志强在(*往)家里喷了"自用"两个大红字。

(2)a. 他怕姚莉不注意这段话，特地在(/往)这一页夹了一个书签。

　b. 他怕姚莉不注意这段话，特地在(*往)学校里夹了一个书签。

(3)　明年咱们也在(/往)院子里种棵柿子树吧。

前两例a中的L都不是S存在的处所，故"在"可隐可现，各句的b是我们仿照a杜撰的，其中的L都是S存在的处所，故"在"必有。(3)比较特殊，其中的L(院子里)可同时既是S存在的处所，又是O附着点，"在"可隐可现。如果两者不能同时并存，则情况与(1)(2)的b一样。如：

(4)连我在火车上搭的白毛巾都忘了解了。（曹禺，雷雨）

如果是"把白毛巾搭在了火车上"，则"在/往"都可；如果是"搭在了肩膀上／脖子上"，则只能用"在"。

2.2.3 在我们的资料里出现的能进入a类ＺＹ的动词还有"搽、糊、缠、抹、缝、摆、填、装、铺、搭、描、补、堆、涂、捆、钉、套(一件外衣)、埋、垫、砌、放、盖、印等。由它们构成的处所短语句，无一不具有上述特点。

至此，我们可得到"在"必有的蕴涵条件2：

［＋S在L］［-使O附着/移向L］［＋V在L］

2.3 b类ＺＹ中的动词与a类相反，都有［＋使O脱离L］的语义特征。如"他在地里捡麦穗"中的"捡"是"使麦穗(O)脱离地里(L)"，"在房间里拿东西"是"使东西(O)脱离房间(L)"。"使O脱离"，也可以看作是［-使O附着/移向L］。为便宜计，我们仍用前面的三个函项来考察b类ＺＹ的蕴涵。

2.3.1 b类ＺＹ也是多义格式3和4也分别有三组不同的蕴涵。

3. 他在地里捡麦穗。

　蕴涵Ⅰ：［-S在L］［-使O附着/移向L］［＋V在L］

他在路旁，拣地里的麦穗。

蕴涵Ⅱ：[+S在L][+使O附着/移向L][+V在L]

他在地里，拣路旁的麦穗。

蕴涵Ⅲ：[+S在L][+使O附着/移向L][+V在L]

他在地里，拣地里的麦穗。

Ⅰ和Ⅱ里的"在"不是必有的，也可以换成"从"。Ⅲ的"在"必有，不能换为"从"或其他介词。对4的"他在房间里拿东西"，也可做同样的分析。

2.3.2 在b类ZY中，"从"与"在"的作用也不一样。"从"有时表"O与L的脱离点"，有时表"S进行动作的起点"，和"往"一样，仍是指示动程的。用"在"时，"在"仍指示S的所在与动作的场所，不表动程。

2.3.3 对于b类ZY，也可以从各部分的关系上判断其蕴涵。如果S后面的L是S存在的处所，又则"在"必有，如下面的(5)－(8)。

(5) 我们去偷袭的时候，李老头正在(*往)地里摘西瓜。

(6) 清明那天，大壮和几个年轻人轮流在(*往)井里掏沙子。

(7) 采莲曲就是描写这些在(*往)湖上采莲采菱的人的。

(8) 这一天李时珍正在(*往)山上采药，忽然爬出来一条黑地白花的蛇。

如果S后面的L不是S存在的处所，只是O的分离点，"在"可隐，如下面的(9)－(11)。

(9) 这是一本印刷装潢都堪称一流的马恩选集，也是当时的红宝书，可他满不在乎地随手在(/从)上面撕了一页。

(10) 库尔德老人话没说完，就伸手在(/从)笼子里捉了一只公鸡。

(11) 杜十娘在(/从)箱子里拣出一些首饰，用一块丝巾包好。

在b类ZY中出现的动词还有"撤、钓、吊、拔、拆、雇、揭、剪、抽、删、取、支、捧、借、搬、扯、捞、打(水)、挑、抢、选"等。在处所短语出现时，这些动词后面常有"出、起、出来、起来"等趋向补语。

2.3.4 另有一些表示接收到了某种信息的感觉动词，也可以在b类ZY中出现。这种句中的L有的是抽象意义上的O的分离点，这时"在"也非必有。例如：

(12) 正当素云准备从丝瓜巷搬到小洋楼去当老板娘，为丈夫管后勤的时候，她在(/从)丈夫的临时住处发现了一个花手帕，还在丈夫身上闻到了脂粉味。

(13) 由这两篇报道，使我想起了去年九月在美国逗留期间，在(/从)报纸上看到的

一条新闻。

有的 L 既是 O 的分离点,又是 S 存在的处所,这时"在"必有。例如:

(14) 刚才我在(*从)鲁家碰见了他和四凤。

(15) 冻土与沙漠研究所的科技工作者,1976 年在(*从)祁连山上发现了一棵树龄在 900 年以上的古柏。

2.3.5 通过对 b 类 Z Y 的分析,我们又可以得到"在"必有的蕴涵条件 3:

[+S 在 L][-使 O 附着/移向 L][+V 在 L]

因与条件 2 相同,以下把两者合并,记作条件 2。

3. 条件 1、2 的检验

3.1 条件 1、2 是根据对部分处所短语的分析归纳出来的,它们的可推衍范围有待于进一步检验。我们以《动词用法词典》所收的动词为主,考察了 552 个能在处所短语里出现的动词,收集到例句近 1200 个(包括前面引用过的)。以下分类说明用条件 1、2 解释这些例句的结果。

3.2 根据条件 1,我们可以说,在由"躺"类、"咳嗽"类、"吃"类动词构成的处所短语里,如果其中的 L 既是 S 所在的位置,又是 V 实现或进行的位置,那么"在"必有;如下面的 a 组。反之,则"在"也可以不出现(换为其他介词或省略),如下面的 b 组。

a	b
他<u>在</u>床上躺着。	你(<u>在</u>)床上睡,我(<u>在</u>)地上睡。
四凤<u>在</u>里屋坐着。	我去给您买点儿鲜货吃,您同四凤(<u>在</u>/<u>到</u>)屋子里坐一坐,我失陪了。
大家正<u>在</u>院子里聊天儿。	我们(<u>在</u>/<u>到</u>)院子里聊聊,怎么样?
他们<u>在</u>车上说话。	咱们有话(<u>在</u>/<u>到</u>)车上说吧。

下面是"吃"类动词的例子,情况与此相同,分析从略。

a	b
小王<u>在</u>食堂吃饭。	今天我们(<u>在</u>/<u>到</u>)食堂吃午饭吧。
孩子们<u>在</u>楼上看电视。	我想让孩子们(<u>在</u>/<u>到</u>)楼上看。

他<u>在</u>长江里游泳。　　　　　　一到夏天,他就(<u>在</u>/<u>到</u>)长江里游泳。

我<u>在</u>旁边看他们下围棋。　　　(<u>在</u>/<u>到</u>)旁边看,别跟着捣乱。

郭熙(1986)认为,"到""在"能否互换,主要取决于它们前面的动词的性质。动词为"睡、坐、站、躺"等单变元非移位持续性状态动词时,"到"一般可以换成"在"。通过上面的分析不难看出,动词的性质只是互换的必要条件,能否互换,还取决于句子是否具有通过语态、语境等因素产生的某些函项,亦即取决于句子的蕴涵。

3.3 有些处所短语句中的L,只是S的经过点,不是它的固定存在场所。据条件1,句中的"在"也不是必有的。例如:

(1) a. 有熟人<u>在</u>(/<u>从</u>)门前经过,他就大声和他们打招呼。

　　b. 有熟人<u>在</u>门前站着。

(2) a. 德林<u>在</u>(/ __)路上病了好几天。

　　b. 德林<u>在</u>路上坐了一个小时。

(3) a. 我推想父亲当时一定<u>在</u>(/<u>沿着</u>)湖边绕了半天。

　　b. 我推想父亲当时一定<u>在</u>湖边绕了半天。

(4) a. 我家住在黄土高坡,大风<u>在</u>(/<u>从</u>)坡上刮过。(歌词)

　　b. 我家住在黄土高坡,大风<u>在</u>坡上刮着。

各例a句中的L都是经过点,故可用"在",也可用其他介词。b句中的L都是S的存在点和V实现的处所,每句都蕴涵条件1,故"在"必有。

3.4 下面三类动词比较特殊,由它们组成的处所短语句似不蕴涵条件1,但一般也出现"在"。

3.4.1 一类是表言语行为的,多为双音节动词。例如:

(5) 当时的中共中央<u>在</u>五一六通知中号召全国人民行动起来。

(6) 她<u>在</u>电话里谢绝了王亚非的邀请。

(7) 外交部发言人沈国放<u>在</u>今天的新闻发布会上说:……。

(8) 加拿大艾伯塔大学的一个研究小组<u>在</u>一篇论文里指出个人类涉足北美的时间比现在所知道的要早一万年。

这些句子中的L有一个共同的特点,都是言语活动的载体或形式。如论文、讲话、通知、

报告、文件、法令、总结、声明、会议、电话、谈话等。照一般的理解，说它是S存在的处所难以接受，说它是V实现的场所也嫌牵强。因为凡这种处所短语句，句中的L之前，一定还隐含一个更大的L、而且有了这个大L以后，去掉原来的在小L，句子仍合法，原意亦无大的改变。例如：

(9) 当时的中共中央在北京(在五一六通知中)号召全国人民行动起来。

(10) 她在家里(在电话里)谢绝了王亚非的邀请。

(11) 外交部发言人沈国放在外交部(在今天的新闻发布会上)说：……。

(12) 加拿大艾伯塔大学的一个研究小组在温哥华(在一篇论文里)指出人类涉足北美的时间比现在所知道的要早一万年。

我们认为，对这类句子，可以从两个方面做出解释。一. 大L和小L同是处所，小L是从属大L的，比大L更具体，同V的联系也比大L更直接，所以代替了大L。从句中的言语行动的接受者的角度来看，小L是抽象的S所在的处所，同时也是V实现的处所。由此看来，这些句子仍蕴涵着条件1。

二. 句中的L，也可以看作是V得以实现的途径或方式，而不是纯粹的处所。这样看的话，句子不蕴涵条件1，"在"应可不出现。汉语表方式、途径等的介词是"通过"，上述各例中的"在"确实都可以换为"通过"。不过换为"通过"后，L中的方位性成分中、上、里、等都得去掉，变为一般的名词。这是这类句子的特殊之处。例如：

(13) 当时的中共中央(在)通过五一六通知(中)号召全国人民行动起来。

(14) 她(在)通过电话(里)谢绝了王亚非的邀请。

(15) 外交部发言人沈国放(在)通过今天的新闻发布会(上)说：……。

(16) 加拿大艾伯塔大学的一个研究小组(在)通过一篇论文(里)指出人类涉足北美的时间比现在所知道的要早一万年。

在我们收集到的资料里，也有"在"换为"从"的例子。如：

(17) 为此，陈佩斯(在)从倪萍访谈录上放出风说："自己不再演小品了。"

能构成这类处所短语的动词是一个封闭的类，我们的资料里共有"透露、揭发、表示、主张、责备、描写、回答、评论、保证、强调、表达、决定、检讨、回忆、分析、通知、声明、反映、攻击、讽刺、规定、夸奖、讲、谈到、提出"等[4)]。

3.4.2 另一类都是单音节动词，表借助于工具的某种行为。例如：

(18) 进灶间一看，牛三正在案板上剁肉。

(19) 那是大跃进的一九五八年，妈妈得肺病住进了疗养院，爸爸没日没夜地<u>在土高炉里</u>炼那些豆腐渣一样的钢。

(20) 占旭刚笑着说："我们的秘密武器就是<u>在保温杯里</u>泡方便面。"

(21) 他们都出去了，就我一个人在家。小姑娘一边回答，一边头也不抬地<u>在本子上</u>练着毛笔字。

(18) 的牛三"不在案板上"，(19) 的爸爸"不在高炉里"，(20)、(21) 类此。朱(1990)所举的"在脸盆里洗手"也属这类，洗手的人"不在脸盆里"。我们觉得，对于这类句子，可以仿照 3.4.1 做出解释。即句中的 L 的前面，还隐含着一个大 L，由于小 L 比大 L 更具体，同 V 的关系更密切，所以，代替了大 L。朱从其他角度考察时，也把"在脸盆里洗手"同"在汽车上看书、在屋里开会、在北京上大学、在邮局寄信"列在一起，显然也认为它们同构。虽然用条件 1 衡量，"在汽车上看书"等都是无可争辩的"在"必有句，而"在脸盆里洗手"则需要解释。

仿照 3.4.1，也可以把(18)—(21) 各句中的 L 看作工具，这样，"在"应该能换成表工具的介词"用"，但检验的结果是有的能换，有的换后不自然。下面是这 4 例以及与它们同类的几个格式的变换情况。如果句中的 L 既是处所，也是工具，换为"用"后自然。如：

<u>在</u>保温杯里泡方便面　　　　<u>用</u>保温杯泡方便面

<u>在</u>土高炉里炼钢　　　　　　<u>用</u>土高炉炼钢

<u>在</u>盘子里研墨　　　　　　　<u>用</u>盘子研墨

<u>在</u>鱼缸里养热带鱼　　　　　<u>用</u>鱼缸养热带鱼

<u>在</u>脸盆里洗手　　　　　　　<u>用</u>脸盆洗手

<u>在</u>洗衣机里洗衣服　　　　　<u>用</u>洗衣机洗衣服

<u>在</u>锅里蒸年糕　　　　　　　<u>用</u>锅蒸年糕

<u>在</u>蒜缸里捣蒜　　　　　　　<u>用</u>蒜缸捣蒜

<u>在</u>炭火盆儿里烤白薯　　　　<u>用</u>炭火盆儿烤白薯

<u>在</u>村口儿的池塘里养鸭子　　<u>用</u>村口儿的池塘养鸭子

如果 L 虽是工具，但不是做这一动作时唯一的或主要工具，换后不自然。如：

<u>在</u>案板上剁肉　　　　　　？<u>用</u>案板剁肉

<u>在</u>本子上练毛笔字　　　　？<u>用</u>本子上练毛笔字

第2章-2 处所短语句的蕴涵与"在"的隐现

<u>在</u>青石板上砸核桃　　　?<u>用</u>青石板砸核桃
<u>在</u>报纸上画速写　　　　?<u>用</u>报纸画速写
<u>在</u>老槐树下栓马　　　　?<u>用</u>老槐树栓马

如果L只是处所，不是工具，不能换为"用"。如：

<u>在</u>脸盆里搓手　　　　　*<u>用</u>脸盆搓手
<u>在</u>洗衣机里洗手　　　　*<u>用</u>洗衣机洗手
<u>在</u>桌子上修收音机　　　*<u>用</u>桌子修收音机
<u>在</u>生日蛋糕上点蜡烛　　*<u>用</u>生日蛋糕点蜡烛

除了判定句中的L是否工具之外，解释这类句子中"在"的使用规则，还有必要搞清句中的L到底是否S的处所。范继淹(1982)认为"小明在书桌上写字"有四种解释(略等于本文所说的四种蕴涵)。

1. 人和字都在桌上，坐在桌上往桌面上写。
2. 字在桌上，人不在桌上，坐在桌前往桌面上写。
3. 人在桌上，字不在桌上，坐在桌上往纸上、墙上、或其他地方写。
4. 人和字都不在桌上，坐在桌前往纸上写。

他认为，"4是优选择，但恰恰是这个最优选择，从纯推理的角度看，是最不能入选的，因为人和字都不在桌子上。"

我们不能同意这一看法，在我们看来，第四种解释是不存在的。桌子就是用来写字的书写工具，自然语言里的"在桌上"，就等于范所说的"在桌前"。没有"小明在桌前写字"的说法。这样的例子，还可以找到很多。例如：

(22) 这位来自四川的妹子<u>在饭桌上</u>小声地嘟囔着："怎么没有辣椒？"（《人民日报·海外版》,1996,8,24）

不会有人把这句话理解为"四川妹子站在或坐在饭桌上"，也不会有人认为"她不在饭桌上"。我们觉得，范文的4和3应合并为一项。句中的"桌子"是小明所在的处所。我们指出这一点，是因为这涉及到处所短语句的函项问题，对此类研究至关重要。在处所短语句中，蕴涵S/VO于L关系的函项，不能超过三组。或「S在L」，或「VO在L」，或「两者都在L」。如果「S和V都不在L」，那就没有理由采用「S在LV」的表层形式了。根据这一看法，上面的"在桌子上修收音机、在生日蛋糕上点蜡烛、在老槐树下栓马"都是无可争议的、符合条件1的"在"必有的句子。

3.4.3 还有一类是表示心理活动的动词。如"感谢、想念、羡慕、喜欢、琢磨、着急、惦记、猜测、轻视、承认、佩服、报怨、拥护、责备、怀疑、怀念、后悔"等。在这些动词构成的处所短语中,充当L的,往往是"心里"。例如:

(23) 尽管我嘴上没说什么,可是在心里还是十分感激他。

(24) 就凭你们这几个蓬头垢面的散兵,能把炮楼拿下来吗?我在心里盘算着。

(25) 那些日子,小卓玛每天都在心里想同一个问题:央金真能把自己带走吗?

(26) 不说也明白,大家在心里都盼着这一天哪!

这类句中的"心里",不是S的处所,而是S的一部分,与S有领属关系。据条件1,"在"不是必有的。实际上,其中的"在"也都可以去掉或换为"的"。用"在"有两个作用:一个是语法上的,是为了和某些副词衔接。如(25)中的"在"前有副词"都",如不用"在",句子就得调整为"那些日子,小卓玛每天心里都想着同一个问题"。另一个是语用上的,是为了强调"不是表面"。(23)(24)(26)的"在心里",都有这一作用。仅从表义上考虑,由于这些动词都有表心里活动的语义特征,"在心里"这一处所短语并不是必需的,可全部去掉而不影响句意。

3.5 下面检验在L位于V后的结构。朱先生列举的这类结构又可分为四个小类:

a. 他躺在床上

b. 字写在黑板上

c. 水桶掉在井里

d. 雨点打在窗户上

3.5.1 a类

a类中的"躺"类动词是自动词,但有时可在兼语句中出现,这时句中另出现S,原来的S相当于O。如:

(27) 大夫让他躺在床上。

(28) 第一天上课的时候,我叫小个儿的都坐在前面。

(29) 天大的困难也要让它败在咱们脚下。

(30) 我左手提着包,右手抱着女儿,又让儿子靠在我的腿上。

这些句子里都有表使动的介词"让、叫",很明显地蕴涵着[+使O附着/移向L]。所以,"在"不是必有的,有的(主要是在口语里)可以省略,如(27)(28)(30)。有的可换

成"到",如(29)。

兼语句以外的句子,只是语序与「在L+V」类不同,组合的各项一样。对于它们,同样可以利用条件1进行考察。比较下列各句。

(31) a. 漫长的三十五年,终于回来了。现在,我正走<u>在</u>故乡的小路上,心里像涌起了一汪清泉。

b. 三十五过去了,什么时候才能回到故乡,走(<u>在</u>/<u>到</u>)故乡的小路上呢?

(32) a. 绕过第二圈以后,王军霞就按着马俊仁的跟跑战术一直跑<u>在</u>第一名的后面。

b. 比赛结束后,各国记者纷纷跑<u>到</u>王军霞面前。

(33) a. 我进去的时候,鲍惠荞正坐在钢琴前一动不动地发着楞。

b. 她马上站起来,把我让进客厅,让我坐(__ / <u>在</u>/<u>到</u>)沙发上。

(34) a. 那一年,张大千和夫人一起住<u>在</u>巴西。

b. 他再三和我说,回四川时哪也不住,就住(__)峨嵋山上的伴月亭。

各句a中的"在"必有;b中的"在"可无。具体分析参看上文3.2。

3.5.2 b类

b类的"字写在黑板上",一般认为与"把字写在黑板上"有同义关系,与"在黑板上写字"有转换关系。朱(1990)就认为,"在黑板上写"可以转换为"写在黑板上"。但从蕴涵的角度看,三者的函项并不一样。因此,"在"在三者中的隐现情况也不一样。

如上文所述,"他在黑板上写字"有三种蕴涵。为便于比较,我们把它们重写在下面。

Ⅰ: 他在黑板以外的地方,往黑板上写字。在≠往

Ⅱ: 他在黑板上,往黑板上写字。在=往

Ⅲ: 他在黑板上,往黑板以外的地方写字。在≠往

可以看出,"把字写在黑板上" 可以转换为也蕴涵Ⅰ、Ⅱ,但不能转换为Ⅲ,即不具备在必有的条件2。所以,其中的"在"可没有,也可换为"到"。例如:

(35) 请你把问题的答案写(<u>在</u>/<u>到</u> / __)黑板上。

(36) 老师把考试的时间写(<u>在</u>/<u>到</u> / __)黑板上就走了。

除了"写"之外,只要是 2.2 中的具有[＋使O附着/移向L]的语义特征的动词构成的这类格式,都不具备条件2。以下各句中的动词都具有这一语义特征,其中的"在"都非必有。

(37)我没注意,把邮票贴(在/到/__)地址上了。

(38)把车停(在/到/__)这儿是违法的。

(39)请不要把图章盖(在/到/__)名字上。

(40)他是这个家的罪人,你没有资格把他的像把(在/到/__)这儿。

"字写在黑板上"既不同于Ⅰ、Ⅱ,也不同于Ⅲ。它是近似于"他躺在床上"的表S的位置和V的处所的结构。与前者不同的,是"他"是"躺"这一动作的发出者,而"字"是"写"的结果,或者说是"写"的体现者。同a一样,由这一格式构成的处所短语句蕴涵条件1时,"在"必有,反之,"在"可无。又由于这类格式中的S都是被动主语,在意义上都是V的O,因此,又都可以用条件2的函项〔-使O附着/移向L〕来考察它们。如果蕴涵这一项,"在"必有;反之,"在"可无。看以下各例。

(41)这几个字一直写在黑板上。

(42)他与傅抱石等人合作的《江山如此多娇》现在还挂在人民大会堂里。

(43)李有源当年与毛泽东握手的照片还摆在他家的窑洞里。

(44)这个石杵,相传是钱家的先祖用过的,多少年来一直插在这里。

这四例蕴涵条件1,"在"必有。

(45)冯小惠是个生就的衣服架子,不管是什么衣服,只要穿(在/到/__)就好看。

(46)投票结果发表了,悉尼的名字已经打(在/到/__)会议厅的电光显示牌上了。

(47)答案写(在/到/__)黑板上以后,请你们核对一下。

(48)由这些日本朋友们捐赠的一万株山樱,都种(在/到)了黄土高原上。

这四例不蕴涵条件1,也可以认为不蕴涵条件2的〔-使O附着/移向L〕,其中的"在"有的可以换为"到",有的亦可没有。(46)和(48)值得注意,两句分别有"了1"和"了2",是已然语态,但其中的L不是S既存的场所,而是它到达的终点。整个句子是表动程的,而不是表存在的。

由上可见,"字写在黑板上",既不同于"在黑板上写字",也不是"把字写在黑板上"的一部分,三者中"在"的内涵并不一样。即使能把它们看成同一变换矩阵里的项,充其量也只能认为前者是后两者的结果。

3.5.3 c类

c类指:

A. 刀砍在石头上　　　　　B. 直升飞机坠在沙漠上

手表掉在海里	车陷在沼泽里
手碰在刀刃上	风筝挂在树上[5)]
赃水溅在车门上	汽车翻在悬崖下面
锤子打在手上	脚踩在泥里

两类结构，它们都是由非自主动词或多义动词的非意志的义项构成的，表意外结果的格式。因此，没有与之对应的表动作进行阶段的"在ＬＶＯ"。如没有"在石头上砍刀、在沙漠上坠直升飞机"等。（个别句可有上述说法，但意思有变。如"在海里掉了一块手表"。）

　　A组中的动词都是非持续性的，"ＳＶ在Ｌ"不表示Ｓ的静态位置，而表示Ｓ的到达点，＝"把ＯＶ在Ｌ"。Ｓ在语义上也是Ｖ的Ｏ。如：

　　刀砍在石头上＝把刀砍在石头上

　　手表掉在海里＝把手表掉在海里

　　赃水溅到车门＝把赃水溅在车门上

　　锤子打在手上＝把锤子打在手上

换言之，句中都蕴涵着［＋使Ｏ附着/移向Ｌ］，因此，"在"不必有。例如：

　　(49) 她一弯腰，不小心把上衣口袋里的月票掉(<u>在</u>/<u>到</u>) 了地上。

　　(50) 事态出现了意想不到的变化，铁钎子从中间断了，把40多厘米长的一段折(<u>在</u>/<u>到</u>) 了石缝里。

　　(51) 糟了！我的雨伞又落(<u>在</u>/<u>到</u>/ __) 车上了。

　　(52) 注意，擦镜头时，手绝对不能碰(<u>在</u>/<u>到</u>/ __) 玻璃上。

B组中的Ｖ是持续性动词，"ＳＶ在Ｌ"有时表Ｓ到达Ｌ以后的存在，＝"Ｓ在ＬＶ着"。这时句子蕴涵[＋Ｓ在Ｌ]和[＋Ｖ在Ｌ]，"在"必有。如：

　　(53) 缫丝的季节，养蚕人的手一直泡<u>在</u>(*<u>到</u>/ *__)热水里。

　　(54) 他搬到这儿以来以后，就看到那台自行车扔<u>在</u>(*<u>到</u>/ *__)院子里，从未见谁动过。

A组中不可能出现这样的形式。另有一些情况下，B组也表Ｓ向Ｌ的移动，蕴涵［＋使Ｏ附着/移向Ｌ］。这时"在"可无。如：

　　(55) 小心着点儿，衣服别挂[6)] (<u>在</u>/<u>到</u>/ __) 铁丝网上。

　　(56) 我是第一次插秧，手脚都不听使唤，脚常常踩(<u>在</u>/<u>到</u>) 插好的苗上。

c类里的动词除"丢、掉、落、忘、塌、陷、翻"等非自主动词外，大部分都是其他类

动词的非自主用法。如"酒倒在杯子里",可考虑归入 a 类,其中的"倒"是自主动作;而"酒倒在桌子上",则是意外的结果,应归入 c 类。其中的"倒"是非自主动作。再如"米撒在院子里",如果是故意撒给鸡吃,那应归入 a 类;如果是没注意撒了,那则属 c 类(详朱 1990, 9 页)。

3.5.4　d 类

d 类的范围有限,主要是一些表自然现象的格式。如:

雨打在窗户上

浪花涌在礁石上

闪电的光射在枯树上

海风吹在脸上

这类结构不同于 a、b 的是,没有"在"必有的形式。结构中的 S 一般是不可控制的事物,但是加上"天、台风"之类的主语,也能在"把"字句、兼语句中出现。如"风把雨打在窗户上、让海风吹在脸上"等。在这类结构中,L 是 S 的到达点,又是到达以后的动作点。不蕴涵 [-使 O 附着/移向 L]。因此,"在"不必有,也可换成"到"。举例与分析从略。

3.6 至此,我们在由"在"构成的短语中[7]测试了蕴涵条件 1、2。测试结果表明,绝大部分用例中"在"的隐现情况,是受制于这两个条件的,虽有不规则现象,但都可以从语义上限定范围,做出解释,并未出现反例。可以说,作为说明"在"的隐现动因的规律,条件 1 和条件 2 是成立的。

4.　小结

4.1 据条件 1 和条件 2,可以得出这样的结论,"在"的根本作用是表 S 存在的场所和无动程的动作场所,如无这种表达需要,则可换为"往、从、到"等,或可不出现。但是得出这一结论的同时,也促使我们考虑另外两个问题:

1. 为什么"在"在众多的、不是非出现不可的情况下出现,承担了"往、从、到"及零形式的功能?

2. "在"在什么情况下不能出现在"往、从、到"等位置上?

4.2 要回答这两个问题,光有共时平面的讨论是远远不够的,还需做历时的考察。大内田(1968)认为,现代汉语的"在"的用法,既有从旧白话原封不动地继承下来的部分,又有随着时代的变迁而产生的部分。两者混在一起,这可能是"V 在"复杂化的最大的原因。朱 1987 也指出,书面语里"在黑板上写字"、"字写在黑板上"的说法是从老白话小说里继承下来的。存现句的处所词前头加"在"是一种新兴句式,大概是从翻译文字里逐渐传播开来的。

宫田一郎(1968)、方福仁(1982)、平松圭子(1992)先后指出过近代汉语中"在"的一些特殊用法,对我们探讨这两个问题颇有启发。例如:

A. (1) 路上撞见知观走来,料是<u>在</u>他家里出来早留了心。(宫田,初 17-304。出处记载系原文照录。下同。)

(2) 过了好一会儿,李宗仁才<u>在</u>外厢走到房中。(宫田 2, 18-406)

(3) 你<u>在</u>那里来?(平松,初 38p680)

(4) 金保正听得人声<u>在</u>里面踱将出来。(平松,初 23p409)

B. (5) 于是船家<u>在</u>烟蓬底下取出一碟萝卜干和一碗饭与牛浦吃。(宫田, 22-221)

(6) 说着就伸手<u>在</u>套裤里掏出一根麻绳来。(宫田, 4-11)

(7) 周秀才就<u>在</u>匣中取出两锭银子送与陈德甫。(平松,初 35p637)

(8) 这件东西为何<u>在</u>你家拿出来(平松,初 36p609)

A 组各句中的"在",现代汉语已经不能说,须换成"从";B 组中的"在"现代汉语仍可以说,当然,也可以换成"从"。对比 A、B 中"在"的出现语境可知,A 组的 S 本身离开起点 L,向其他场所的移动;而 B 组中的 S,本身不动,通过某一动作使 O 离开 L。

除"在=与从"以外,还有"在=到、向=在、往=在、就=在、自=在、去=在"等众多用例。如:

(9) 明日把我买<u>在</u>(=到)官船上了。(平松,初 27p466)

(10) 沙僧却才将吊桶<u>向</u>(=在、从)井中满满的打了一吊桶水。(宫田 53-617)

(11) 随即<u>往</u>(=在、从)行李内取出官票与朱春晖看。(宫田 54)

(12) 话说大元朝至正年前,<u>去</u>(=在)那北路曹州东平府管下东关,有一客店。(方,清平山堂话本・曹伯明错勘赃记)

(13) 徽宗叫苦不迭,<u>向</u>(=在)外榻上忽然惊觉来,唬得浑身冷汗。(方,大宋宣和遗事)

似可推断，在近代汉语里，导引与动作相关的处所性成分的介词，只是一个标记，其本身的意义并不重要，人们主要是依动词、全句的意义及语境来确定它的意义和作用。任何涉场性的动作，都要由S或O在某个特定的场所来实现，在这种情况下，本义为"存在"的"在"就成了表这一场所的最佳选择。这一由"在"包揽一切的倾向也传入了现代汉语，不过，现代汉语里介词的分工要精细一些了。尽管如此，仍没有从根本上改变依赖超语言知识认知能力来确定介词意义的局面。这在有些情况下不影响一般理解，在有些情况下，特别是在第二语言习得和机器翻译等情况下则不然。如：

　　他在黑板上写字。[一般理解:黒板に]

　　他在床上写字。[一般理解：ベッドの上で]

　　他在人行道上写字。[一般理解：人行步道に？/で？]

　　他在书包里拿书。[一般理解：カバンから]

　　他在房间里拿书。[一般理解：部屋から]

　　他在书房里拿书。[一般理解：書斎から？/で？

　　我们的目的就在于，搞清这种状态中的"在"的用法及其与其他介词的交叉点和临界点，为"在"的学习和理解提供语义上的解释。可以说，从分析蕴涵入手，是达到这一目的的一个可行的办法。

注

1) 本文的例句，一部分来源于文学作品等自然语料，一部分转引自讨论过这一问题的文献。对于后一类，只列了文献目录，未一一注明来源。

2) 这种一般陈述句多为进行语态。陈重瑜(1978)认为，"在+处所+动"里的"在"是体标记(aspect marker)和介词的合体，似指这种句子。参看范继淹(1982)。原文未见。

3) 参看齐沪扬(1995)。

4) 有的动词有同形的名词。如"通知、声明"等。

5)、6) 这里的挂 guā是"不小心，被钩住"的意思，是非自主动词。

7) 本文讨论的都是较为典型的处所短语句，另有一些类别相对模糊的格式，如"在L有X句"和存现句等，是否也能用类似的条件来说明，尚待考察。

参考文献

陈庭珍 1957 「汉语中处所词做主语的存在句」，《中国语文》第8期。

大内田三郎 1965「補語の"在"について」,《中国語学》10・11。

大内田三郎 1968「場所を示す"在"について」,《中国語学》2・3。

范方莲 1963 「存在句」,《中国语文》第5期。

范继淹 1982 「论介词短语在+处所」,《语言研究》第1期。

方福仁 1982 「谈去和向的在义」,《中国语文》第2期。

岡本俊裕 1993「行為と現象—中国語の"着"を伴う存在文で・の"在"の有無」,《京都外国語大学研究論叢40》。

宮田一郎 1968「近世語にみえる介詞について—在,向,去—」,《明清文学言語研究会会報》第10号,采華書林。

郭 熙 1986「放到桌子上 放在桌子上 放桌子上」,《中国语文》第1期。

金立鑫 1993「把OV在L的语义、句法、语用分析」,《中国语文》第5期。

聂文龙 1989「存在和存在句的分类」,《中国语文》第2期。

平井和之 1987「静態動詞に関する幾つかの問題—主に"V在~"の関連に於いて」,《中国語学》234。

平松圭子 1991「『拍案驚奇』の介詞"在"」,《お茶の水女子大学中国文学会報》第10号。

齐沪扬 1995 「位置句中动词的配价研究」,《现代汉语配价语法研究》,北京大学出版社。

施关淦 1980「关于"在+Np+V+N"句式的分化问题」,《中国语文》6。

宋玉柱 1986「隐现句」,《语言研究论丛》第4期。

Tai, James H-Y 1975 On two functions of place adverbials in Mandarin Chinese. JCL《中国语言学报》3.2/3,(宋玉柱译),《语言研究译丛》第1期。

王 还 1980「再说"在"」,《语言教学与研究》第3期。

徐 丹 1994「关于汉语里"动词+X+地点词"的句型」,《中国语文》第3期。

原田寿美子・滑本忠 1991:「"在"に対応する日本語の格助詞」,《名古屋学院大学・外国語学部論集》2—1。

赵金铭 1995「现代汉语补语位置上的"在"和"到"及其弱化形式」,《中国语言学报》。

周小兵 1995「表示处所的"在字结构"」,中国语言学会第8届年会发表论文。

朱德熙 1982《语法讲义》,商务印书馆。

朱德熙 1986「变换分析中的平行性原则」,《中国语文》第2期。

朱德熙 1990「"在黑板上写字"及相关句式」,《语法丛稿》上海教育出版社。

第 2 章-3

"了 1"的语义·语用功能

提要 本章通过对"VP的N"与"VP了的N"的平行现象的考察,提出了目前为止的研究未见提及的语义标记"了"和语用标记"了"的概念,并初步概括了两者不同于语法标记的特点和作用。和"语法标记'了'"相比,语义标记"了"和语用标记"了"没有使用上的强制性,而是具有可用可不用的选择性;在功用上,语义标记"了"表动作的完结,语用标记"了"表以"不可逆转"为核心的说话者要突出的某种心理状态。

0. 前言

日语母语者对汉语定语(VP了的N)中的"了"的理解,往往受到日语表"时"的词尾「〜た」的影响,有把"了"比附为「〜た」的倾向。因此,常常可以看到下面的说法:

(1)寝る時は電気を必ず消してね。
　　(睡觉的时候可要关上灯啊。)
(2)私は1時に寝た時が一番目覚めが良いのですが、…2時に寝てしまった時とかは最悪!
　　(*我一点睡了的时候早晨醒时最舒服,……两点睡着了的时候最糟糕!)
(3)水平に寝た時、ベッドと首との間にできる空間はだんだん大きくなり、枕が合わなくなる。
　　(*平躺着睡了的时候,床与脖子之间的空隙渐渐扩大,枕头会变得不合适。)
(4)去年の後期私は中国語の会話の授業を受けた際、…。
　　(*去年下学期我上了汉语会话课的时候,……。)

(1)的日语原文没有「〜た」,所以,汉语的译文也没有用"了",句子没错。(2)、(3)、(4)的日语原文里有「〜た」,译文里都用了"了",造成了三个非句。不过,并非日语所有的定语中的「〜た」都不能译成"了"。下面的各句也很常见。

(5)この種の住宅は市販住宅のように売買することはできず、購入した人が売り

たい場合は、政府の定めた価格で政府に売るしかない。

　　（这种住宅不能和商品房一样交易，买了的人想卖的话，只能按照政府规定的价格卖给政府。）

（6）また、革命や政変によって名称が変わった国や、同一領域の正統政権の地位を争って並立していた国は除きます。

　　（此外，由于革命或政变名称变了的国家和正在争夺同一领域的正统政权的并存的国家除外。）

（7）5月初めにサイクロンに襲われたミャンマーの被災地ではコメこそ確保できるようになったものの、心の傷を抱える多くの住民には満足な家も副食も生計の道もなく、展望の見えない状況が続く。

　　（在5月初被飓风袭击了的缅甸的受灾地区，尽管确保了大米的供应，可是心灵受到了创伤的很多灾民，既没有安居的住处，也没有副食，仍处于生计无着落，前途无望的状态。）

（8）お申込みの後で紛失したカードを発見された場合でも、紛失再発行のお申込みは、取消しできません。

　　（申请以后丢了的卡找到了的时候，已经提出的再发行的申请也不能取消。）

很明显，"ＶＰ的Ｎ"结构中的"了"，并不单纯地与日语的「〜た」对应，而是另有使用的条件。以往关于"了 1"（以下记作"了"）的研究，大都是把它作为语法标记，探讨其语法意义和功能的研究。我们从大量的语料中看出，"了"不只是一个单纯的语法标记，有时(主要是在"ＶＰ了的Ｎ"结构中)，还兼有语义和语用功能。下面准备从汉日语对比的角度，通过"ＶＰ的Ｎ"和"ＶＰ了的Ｎ"的平行现象考察其中的"了"的作用，揭示它所具有的语义・语用标记的性质。

1. 先行研究

1.1 木村(1982)、杉村(1982)、三宅(1989)等摆脱tense的阴影，从"已然・未然"的角度解释定语中的"了"，认为"'ＶＰ的'在没有状语或语言环境的限制时，本身已经具有表示'已然・个别'意义的倾向。所以，表示'已然'意义的动态标志'了'就很难再出现在'ＶＰ的'里头"（三宅1989、53页）。他同时指出，"要是'ＶＰ的'后头的体词性成分不是受事，或'了'是带结果补语性质的，才可出现'ＶＰ了的'这个语

言形式"(同前)。

1.2 这些研究有助于避免把"了"与「～た」等同起来的错误类推,对日语母语者的汉语习得有重要的参考价值。"'了'是带结果补语性质的,才可出现'ＶＰ了的'"的论断,似也能够对(5)(6)的"了"做出说明。不过,(7)(8)的"了"虽可认为带有结果补语的性质,但"ＶＰ了的"ＶＰ了的"后成分都是受事,与先行研究的归纳不符。如果观察更多的实例,还能看到"了"既没有结果补语性质,"ＶＰ了的"后的成分也是受事,而 "ＶＰ了的"与"ＶＰ了的Ｎ"都可以说的平行现象。如:

(9) a. 桓温驻兵灞上,想等关中麦子<u>熟</u>的时候,派兵士抢收麦子,补充军粮。

b. 桓温驻兵灞上,想等关中麦子<u>熟了</u>的时候,派兵士抢收麦子,补充军粮。

(10) a. 有人认为,在化学<u>化</u>的家庭里,呆的时间长了,会影响健康。

b. 有人认为,在化学<u>化了</u>的家庭里,呆的时间长了,会影响健康。

(11) a. 它如同烧<u>红</u>的玻璃那样,既可流动弯曲,却又十分坚硬致密。

b. 它如同烧<u>红了</u>玻璃那样,既可流动弯曲,却又十分坚硬致密。

(12) a. 因此,那里的许多高山和平原都是由<u>冷凝</u>的熔岩流形成的。

b. 因此,那里的许多高山和平原都是由冷凝<u>了</u>的熔岩流形成的。

(13) a. 有个《农夫和蛇》的故事,说的是一位善良的农夫,怜悯一条冻<u>僵</u>的蛇,将它放在怀里暖和并带回家。

b. 有个《农夫和蛇》的故事,说的是一位善良的农夫,怜悯一条冻僵<u>了</u>的蛇,将它放在怀里暖和并带回家。

(14) a. 政府作出的新决议禁止联邦执行机关采用行政手段调节已<u>放开</u>的物价。

b. 政府作出的新决议禁止联邦执行机关采用行政手段调节已放开<u>了</u>的物价。

(15) a. 西安市阎良区无线电厂,是被熊小伟的发明<u>救活</u>的增加了收益的工厂。

b. 西安市阎良区无线电厂,是被熊小伟的发明救活<u>了</u>的增加了收益的工厂。

就上述各句的基本意义来说,很难说a、b有什么不同,各句b中"了"的出现,也并非如先行研究说的"很难",而是相当自然。这说明,只着眼于"ＶＰ了的"表"已然·个别"的意义倾向、"了"的补语性以及Ｎ是否受事,同样不能很好地解释"了"的隐现条件。

1.3 李(1999)再从时的角度阐述"VP的N"与"VP了的N"的区别,认为两者最本质的区别是"时间特征上的区别","VP的N"只着眼于动作行为本身,而"VP了的N"则主要着眼于V的时间性特征（李1999、54页）。他还指出,N为受事的"VP的N"很多难以加进"了"。如:

吃了的饭	（食べたご飯）	?做了的饭	（作ったご飯）[1)]
咬了的苹果	（かじったリンゴ）	?拿了的苹果	（取ったリンゴ）
忘了的事情	（忘れたこと）	?记起了的事情	（覚えたこと）
卖了的土豆	（売ったジャガイモ）	?买了的土豆	（買ったジャガイモ）
掉了的牙	（抜けた歯）	?长了的牙	（伸びた歯）

他对这些现象的解释是,左边一组中的V的完成造成了一种结果或变化,而右边一组不然,所以出现"了"时可接受性低（同46页）。

我们觉得,"时间性特征"的解释与"结果或变化"的解释难以统一,有时也缺少说服力。比如他的一个例句:

（16）去年三月,中央情报局从邮局购得95枚印错了的邮票。

李文认为,文中的"了"表示"印错"是在"购得"之前发生并完成的。但是照我们的语感,这一句中的"了"即使没有,仍表示"印错"是在"购得"之前发生并完成的,句子也同样可以接受。

（17）去年三月,中央情报局从邮局购得95枚印错的邮票。（16、17译成日语,同为:
去年の三月、ＣＩＡは郵便局から間違って印刷された切手を９５枚購入した。）

换言之,有没有"了","时间性特征"都一样。此外,如果把"时间性特征"的解释用于日语母语者的汉语教学,势必又将使"了＝「〜た」"的错误类推死灰复燃。调查的结果表明,接受这一观点的日语母语学习者只会造出(16)这类句子,绝不会认同(17)一类说法。

1.4 先行研究和"了"在日本汉语教学中的现状,启示我们跳出语法的范围,尝试从语义和语用的角度解释定语中的"了"。

2. 语法标记的强制性与语义・语用标记的可选择性

2.1 语法标记的强制性是指表达某种语法意义,必须使用某种特定的标记,说话人对标记的使用与否,没有选择的余地的现象。日语的「～た」是个典型的具有强制性的语法标记。只要是过去的事件,谓词的词尾就一定要用「～た」,否则就是语法非句。汉语谓语中的"了"与此类似,只要是完成(含实现)的动作,也一定要用"了", 否则也是语法非句。例如:

(18) a. 当时在场的那个犯人四年前已经死了。

　　*b. 当时在场的那个犯人四年前已经死。

　　　　(当時現場にいた犯人は4年前にすでに死亡した。)

(19) a. 这张邮票印错了。

　　*b. 这张邮票印错。(この切手は間違って印刷された。)

(20) a. 甲:小张为什么没来?(甲:張君はなぜ来てないの?)

　　b. 乙:他感冒了。*他感冒。(乙:彼は風邪を引いた。)

(21) a. 甲:你的自行车借我骑一下,行吗?(甲:自転車をちょっと貸してくれませんか?)

　　b. 乙:我的自行车丢了。*我的自行车丢。(僕の自転車はなくなってしまったんだ。)

2.2 定语中的"了"不是这样,非用不可的强制性减弱,可用可不用的选择性增强。如:

(22) a. 死的人　　b. 死了的人

(23) a. 印错的邮票　　b. 印错了邮票

(24) a. 感冒的学生　　b. 感冒了的学生

(25) a. 丢的自行车　　b. 丢了的自行车

(26) a. 睡的时候　　b. 睡了的时候

在孤立的语境下,不能说a和b的完全等同,但在具体的上下文中,两者往往可以互换,而基本语义不变。如上文(9)-(15)中的a、b,就是这样,李(1999)认为"时间特征"不同的(16)(17)也是这样。有时"ＶＰ的N"与"ＶＰ了的N"的所有意义未必完全相同,但其中总有重合的部分。例如:

(27) 等她睡的时候我再走。

①她上床的时候我再走。（彼女がベッドに入る時私は帰る。）

②她合上眼睛时我再走。（彼女が目を閉じる時私は帰る。）

？③她进入梦乡时我再走。（彼女が熟睡の状態に入る時私は帰る。）

(28) 等她<u>睡了的</u>时候我再走。

？①她上床的时候我再走。

②她合上眼睛时我再走。

③她进入梦乡时我再走。

即使(27)是否有③的意义、(28)是否有①的意义值得研究，②的意义也是重合的。在包含着相同的语法意义(＝动作的完成／实现)的结构中，"了"可用可不用。我们称这种性质为"可选择性"。因为用和不用并不改变语法意义，我们认为这个"了"不是语法标记，至少不是完全的语法标记。

3. 语义标记"了"

3.1 说"ＶＰ了的Ｎ"中的"了"的使用与否，并不改变语法意义，不等于认为这个"了"在所有的场合都可有可无。林(1959)就指出，"烧的煤"不等于"烧了的煤"。刘(1985)也指出，没有"了"的"ＶＰ的Ｎ"中的"Ｖ"可以表示用途、习惯、爱好、领属等（转引自李1999）。

我们认为，作为语义标记的"了"的作用就是排除"Ｖ"的"用途、习惯、爱好、领属"等意义，让它只表示"完成"。必须指出，这里说的"完成"，和一般所说的语法意义的"完成"不是一回事。定语中的语法意义的"完成"不用"了"也可以表示。例如：

(29) 这些灰褐色粉末就是当时的人们<u>烧的煤</u>。

(30) 这些灰褐色粉末就是当时的人们<u>烧了的煤</u>。

两句里的"烧"都能理解为语法上的"完成"，因(29)的"烧"也好, (30)的"烧"也好，都是已经实现的动作。不过在语义上，后者因为有"了"，"烧"只有"烧完"的意义，失去了"用途"等意义。如果译成日语, (29)的"烧的煤"和(30)的"烧了的煤"都只能译为「燃やした石炭」。因此，把"了"看作语法标记对于区分(29)和(30)是无效的。只有把这里的"了"看作语义标记,才能揭示"ＶＰ的Ｎ"与"ＶＰ了的Ｎ"区别, 也才能向日语母语的汉语学习者讲清在定语里，什么时候用"了"，什么时候不用

"了"。

3.2 为进一步证明上述看法,再看几个语义标记"了"的实例。

(31) a. 当时有好多的家庭,姐姐穿的衣服,再给弟妹穿,直到穿得不能再穿……。

b. 当时有好多的家庭,姐姐穿了的衣服,再给弟妹穿,直到穿得不能再穿……。

（当時の多くの家では、姉の着た服を着られなくなるまで弟や妹に着せた…。）

据"再给弟妹穿"判断,无论 a 的"穿的衣服"还是 b 的"穿了的衣服",动词"穿"的语法意义,都是"完成"或曰"实现"。但在语义上,a 的"穿"有"用途、领有、完成"等多种可能的意义取向,而 b 的"穿"排除了其他,只有"完成"。

(32) a. 杨勇同志非常注重贯彻实事求是的原则,一再强调"全错的案子全平,部分错部分平,决不能留尾巴"。

b. 杨勇同志非常注重贯彻实事求是的原则,一再强调"全错了的案子全平,部分错部分平,决不能留尾巴"。

（楊勇同志は「事実に基づいて真実を求める」という原則を非常に重視し、何度も「完全な冤罪は全部見直し、部分的な冤罪はその部分を見直す。絶対中途半端のままではいけない」と強調した。）

(33) a. 唐·吉诃德是一位穷乡绅,因读骑士小说入了迷,妄想恢复衰亡的骑士制度。

b. 唐·吉诃德是一位穷乡绅,因读骑士小说入了迷,妄想恢复衰亡了的骑士制度。

（ドン・キホーテは貧しい郷士で、騎士道物語に熱中し過ぎたため、衰退した騎士制度の復活を妄想した。）

在语法上,"全错的案子=全错了的案子"、"衰亡的骑士制度=衰亡了的骑士制度"。基于语言中"没有没有意义的形式,也没有没有形式的意义"的观点,如果认为 b 中的"了"是语法标记,则无法说明各句 a、b 的异同。看作语义标记,则可做出与上文的"烧的煤"和"烧了的煤"类似的分析。

3.3 下面是只有用语义标记"了"才能准确表达事实的例子。

(34) 我是实在被打怕了，受不了就说是自己拿丢了，那真是实在的屈打成招。我还装作拿丢了的样子，到处找。

（実際のところ、殴られて私は怖かった。耐えられず、「私がなくしたんです」と口にした。それは本当に拷問による自白であった。さらに私はなくなってしまったふりをして、あちこちを捜した。）

说"装作拿丢的样子"，"拿丢"同样也是已实现的动作，不过，与前面的"就说是我拿了"、"屈打成招"等相适应，应使用"了"突出"完成"。

(35) 且不说你做了的活也就两万多块钱，就是做了的这些，很多我还要另外找人返工重新做。

（君のした仕事の全部でも2万余りの利益しかないことを別にして、すでに完成した分でも、不合格品が多いので、他の人にやり直してもらわなければならない。）

与"做的活、做的这些"相比，用"了"的结构强调了"要另外找人返工重新做"的事实。

(36) 她想怎样才能启动父老乡亲们冷却了的心灵的闸门，唤起他们的热情呢？

（彼女はどうやって父老と同郷達のすでに冷めた情熱を喚起するのかを考えている。）

(37) 在梅、程、荀、尚四派形成的过程中，自然也积累了这些名家不断丰富发展了的唱腔音乐。

（梅、程、荀、尚の4つの流派が形成されたプロセスの中に、自然にこれらの名人達が絶え間なく充実させ、発展させていた節回しが積み重ねられている。）

(38) 那时，虽然世界形势发生了变化，可领导人的思想观念却停留在旧的阶段，不能随着变化了的客观实际而变化，从而导致主观认识与客观实际相脱离。

（当時、世界の情勢がすでに変化したにもかかわらず、指導者の思想観念は古い段階に止まり、変化した客観的な事実に合わせて変化できない。それ故に、主観認識と客観事実との乖離が生じた。）

(36) 如果没有"了"，"冷却"也可能是"心灵"的性质。(37)的"丰富发展"、(38)的"变化"的后面如果不用"了"，也同样可理解为"性质"。但是，三者都是"已经完

成的事实",所以,应该使用语义标记"了"。毋庸赘言,有没有"了",动词的语法意义都一样。

我们注意到,这几例中的动词"买、穿、拿、做"都是先行研究认为不能带"了"做定语的,它们修饰的N,也有受事。可见,一部分"VP的N"结构中能否出现"了",实际上是一种语义需求,与动词的意义、中心语N同V的关系等无关。

4. 语用标记"了"

4.1 有些"VP了的N"中的"了"的使用与否,不但不改变语法意义,在语汇意义上也无大的变化。我们把这类"了"看作语用标记。作为语用标记使用时,"了"所负载的是说话者力图传达的一种以"不可逆转"为核心义的"终于达成、悔之无用、追悔莫及、无法改变"等主观化心理。例如:

(39) a. 目前有些消费者担心央行还会继续加息,在犹豫要不要买保险,已经买的保险该怎么办?

b. 目前有些消费者担心央行还会继续加息,在犹豫要不要买保险,已经买了的保险该怎么办?

(現在、消費者達は中央銀行が引き続き利息を上げるのか、保険を買うべきかどうか、すでに購入した保険はどうすればいいかなどを心配している。)

由于V前有副词"已经",无论有没有"了","买"都只有"买完、买到手"的意思。不过有"了"的b,突出了说话人着意强调的"不可逆转"的主观意义。再如:

(40) a. 这个房子还真是后来我们列入日程,差一点点就买的房子,呵呵,真的是出乎我的意料,竟然这么差。

b. 这个房子还真是后来我们列入日程,差一点点就买了的房子,呵呵,真的是出乎我的意料,竟然这么差。

(この建物はなんとこの間私達が買いたくなり、もう少しであやうく買いそうになった部屋だった。本当に思いもよらないことだが、こんなにひどいシロモノだった。)

这两句中的"VP的N"和"VP了的N"都是虚拟的"完成",用不用"了",语法和语义上没有区别,但有"了"的b凸显出说话者的一种庆幸的心理。

(41) a. 就算知道了谁拿了你的东西，也不能改变你的东西<u>被拿的事实</u>。
    b. 就算知道了谁拿了你的东西，也不能改变你的东西<u>被拿了的事实</u>。
    （たとえ誰が君の物を持って行ったのかを分かったとしても、君の物が取られたという事実を変えることはできない。）

(42) a. 当得知张冬梅<u>被北京邀请去的消息</u>后，他们非常失望，堂堂的男子汉大丈夫，竟禁不住哭了起来。
    b. 当得知张冬梅<u>被北京邀请去了的消息</u>后，他们非常失望，堂堂的男子汉大丈夫，竟禁不住哭了起来。
    （張冬梅さんが北京の招きに応えて行ってしまったことを知ると、彼らは大変がっかりして、堂々たる男のくせに、思わず泣き出した。）

(43) a. 他跑乡串村，召回了那些被他打发回家的帮工，整修<u>被中断的引水渠工程</u>。
    b. 他跑乡串村，召回了那些被他打发回家的帮工，整修<u>被中断了的引水渠工程</u>。
    （彼は多くの村の家々を訪ね歩き、彼に解雇された人を呼び戻し、中断された用水路の工事を再び施しはじめた。）

由于三句中都有介词"被"，"了"的语法、语义作用几近于零。"被拿的事实"就是"被拿了的事实"、"被中断的引水渠工程"就是"被中断了的引水渠工程"。但和 a 比起来，b 借助"了"，更能表达出说话人的"无法改变、悔恨无奈、面对现实"等主观意义。

4.2 和语义标记一样，有些句子，也只有使用语用标记"了"，才符合句子要表达的说话人的某种主观性。例如：

(44) 你选择相机先看看功能吧！我<u>买了</u>那个每次闪光后都要充电，麻烦死了。
    （カメラを買うなら、先ずその機能をチェックして下さい。私が買ったやつはフラッシュが光るたびに充電しなければならない。めちゃ嫌です。）

(45) 你最后悔<u>买了</u>的衣服是：a. 羊毛衫　　b. 晚礼服　　c. 旗袍
    （あなたが買ってしまってから最も後悔した服は：a．カーディガン　b．タキシード　c．チャイナドレス）

用不用"了"，两句在语法、语义上没有变化。但是有"了"，则突出了"后悔"的主观心理。

137

(46)再也没有橄榄树，有的只是烧焦了的野草、劈裂了的残枝断桠。

（オリーブの木はもうない。あるのは焼け焦げた野草、雷に打たれて割れた木の幹だけだ。）

(47)一幅幅精巧质朴的绘画，将那个被人遗忘了的古纳西王国的冥冥神域气氛展现给世人。

（多くの素朴かつ巧みな絵を通じて、人々に忘れられたあの古代ナシ王国の神秘的な雰囲気を世間に伝えている。）

两句都通过使用语用标记"了"，强调"不可逆转"。

5. 关于定语中的"了"的教学

5.1 上面的论述极易给人以"ＶＰ了的Ｎ"中的"了"可有可无，能够自由选择的印象，但事实不是这样。在有些定语里，"了"必有；在另外一些定语里，"了"不能有。本文所要强调的，只是判断必有或不能有的标准，主要不是语法标准，而是语义或语用需求。

目前为止的研究和教学，先后采用过的判断标准有：

［1］.绝对过去时标准，"了＝た"。这一标准好掌握，但必然出现(2)、(3)、(4)一类的错误[2]，实际上是一种误导。

［2］.相对时标准。在判断"了"的使用与否时，不以发话的时点为基准，而是考虑句中复数动作的先后关系。在有些情况下，这一标准有一定的参考价值。例如：

(48)今度彼に会った時に話してあげよう。

（下次见了他的时候，替你说一说吧。）（转引自张1993，70页）

不过，如前所述，这里的"了"是否必有，仍值得研究。更不理想的是，相对时标准的基础也是"了＝た"。

［3］.已然・未然标准。这一标准虽融进了语义因素，但本质上还是语法的。此外，"即使是已然事件，'了'也很难出现"的说法，既与语言事实不符，也与日语母语学习者的语感相悖，难以接受，更难以掌握。

［4］.结构标准，或称构式语法（construction grammar）标准。具体的说，也就是"ＶＰ的Ｎ"本身就具有"已然・个别"的意义，不能再出现表已然的"了"的先行研究的观点。前面已经通过实例证明，大量的语言事实都是这一观点的反例。

5.2 我们主张的语义・语用标准也可以说是一种主观标准，即以说话人想说什么为准则来决定"了"的使用与否。按照这一标准，在某一个特定的句子里用"ＶＰ了的Ｎ"，还是"ＶＰ的Ｎ"，不取决于"言内"，而取决于"言外"。下面通过几个实例进一步说明。

(49)「水を飲む時に、井戸を掘った人を忘れない」。これは中日国交正常化の際、周恩来総理が語った言葉である。

　　#a. 喝水的时候, 不忘挖了井的人。这是中日邦交正常化的时候, 周恩来总理说了的话。（＃：表语用非句。下同。）

　　b. 喝水的时候, 不忘挖井的人。这是中日邦交正常化的时候, 周恩来总理说的话。

(50)（イエメン政府は水を求めて同盆地に深さ2000メートルの試験井戸を掘り、その方法を農家に紹介した。）これらの井戸を掘った農家達は、水に恵まれており、旱魃の影響はさほど心配ない。）

　　a. 这些挖了井的农民们受到了水的恩惠，不用怎么担心旱灾的影响。

　　#b. 这些挖井的农民们受到了水的恩惠，不用怎么担心旱灾的影响。

日语都是「井戸を掘ったＮ」，两者中的"挖"都是语法上的完成。但就(49)来说，意在指明动作者，语义上的"完成"与否并不重要，所以，不能用"了"；而对(50)来说，只有"完成"才能"受益"，所以，"了"必有。下面的(51)，处于自由语境，所以，用不用"了"两可[3]。

(51) 井戸を掘った甲田工業所

　　a. 挖了井的甲田工业所

　　b. 挖井的甲田工业所

对(49)和下面的(52)里的"说的Ｎ"和"说了的Ｎ"，也可做同样的解释。(49)要说的是这句话的来源，而不是"是否说完"，所以，不能用"了"。(52)既可理解为"一言既出，驷马难追。言必信"；也可理解为"这不是别人说的，我说话我负责"。所以, 用不用"了"两可。

(52) これは俺の言ったことだ。必ず責任をもって実行する。安心しろ。

　　a. 这是我说了的事。一定负责办。放心吧。

　　b. 这是我说的事。一定负责办。放心吧。

用上文的标准[1]～[4]，很难对这类现象做出令人信服的解释。

注

1) 日语两者都能说。
2) 这三句的问题在于，日语的「～た」只标示过去，说话者要说的是"过去的时间"，而汉语的译文变成了"动作完成的时间"。产生这一差异的原因，在于「～た」不论出现在什么位置上，都只是语法上的"过去"，而汉语定语里的"了"，还具有语义・语用功能。
3) 笔者在北海道大学的中国语研究会上谈到这一点时，松江崇先生认为：虚词有主要功能和次要功能。"了"的主要功能是表动作的完成或实现，次要功能是表"确指、特定"。并告诉笔者，下地早智子2002谈到了这一点。

参考文献

陈立民 2002「汉语的时态和时态成分」，《语言研究》第3期。

荒川清秀 1981「"了"のいる時といらぬ時」，『中国語学』228号。

胡培安 2006『时间词语的内部组构与表达功能研究』，吉林人民出版社。

李铁根 1999『现代汉语时制研究』，辽宁大学出版社。

林裕文 1959「谈时态助词"了"」，『语文知识』第11期。

刘宁生 1985「论"着"及其相关的两个动态范畴」，『语言研究』第2期。

木村英樹 1982「中国語」『講座日本語学11 外国語との対照Ⅱ』，明治書院。

三宅登之 1989「"ＶＰ了的"と"了"―"的"構造における"了"の生起に関して」，『中国語学』236。

杉村博文 1982「中国語における動詞の承前形式」，『日本語と中国語の対照研究』第6期。

王 宏 1983「日语「夕」和汉语"了"的对应关系」，『日本語学習与研究』第1号。

王占華 有働彰子 2003「"了"の使用における語用論的解釈――「た」との対照の視点から」，『現代中国語研究』第5期。

下地早智子 2002「現代中国におけるアスペクト助詞"了"と『文終始』問題について」，『神戸外大論叢』53。

张 黎 2003「"界变"论――关于现代汉语"了"及其相关现象」，《汉语学习》第1期。

张麟声 1993『汉日语言对比研究』，北京大学出版社。

張麟声 2001『日本語教育のための誤用分析 ―中国語話者の母語干渉20例―』，スリーエーネットワーク。

第 3 章

认知语义与话语理解

① 话语理解中的定位问题

② "吃食堂"的认知考察

③ 趋向补语的认知分析

第3章-1
话语理解中的定位问题

要旨 本章は談話言語学の角度から、中国語の文章を理解する際の「定位問題」を検討した。中国語の文章は「渉位文」（話者や文中の人、物の位置に関わっている文）と非渉位文に分けられる。渉位文は静止渉位文と動態渉位文に分けられ、さらに動態渉位文は、定位文と不定位文に分けられると考えられる。いわゆる「定位問題」とは、不定位文を理解する時に、話者の空間所在、心理的な位置及び動作主の位置、動作対象の位置を判断することを指す。

本稿では、中国語の動態渉位文の定位方式は、同形重指、異形複指、介詞定向、趨向定向、制限定向などにまとめられることを指摘し、また不定位文の生じる原因にも言及した。

0. 引言

0.1 理解汉语的某些句子，话语的接收者(以下称为听话者)往往要先判断话语的发出者(以下称为发话者)或句中人(物)的空间位置或心理位置。例如：

a．听到小陈要回国的消息，他不禁吃了一惊。

b．我们公司来了一个技术员。

对于 a ，如果发话者在"国"的话，那应理解为"小陈要从国外回来了"；如果发话者不在"国"，则应理解为"小陈要从国外回自己的国家去了"。（实际情况还要复杂一些，参看下文。）

对于 b ，如果把发话者的心理位置定位于"我们公司"，即认为发话者在心理上是站在"我们公司"一方的，而不管他现在在哪儿。那应理解为"一个技术员来到了我们公司"；如果把发话者的心理位置定位于"我们公司"以外的他说话时所在的地方，如某个会场、发话者的家等，则应理解为"一个技术员从'我们公司'来到了发话者的所在地"。

0.2 听话者确定发话者位置的同时，实际上也就确定了句中人(物)的位置。例如 a ，

发话者在"国"时，小陈的位置是"国外→发话者所在地"；发话者不在"国"时，小陈的位置是"发话者所在地→'国'"。b亦如此，因发话者位置的不同，"我们公司"分别为，"技术员"的出发点或到达点。

0.3 很明显，只有做了上述定位以后，才谈得上理解了 a、b，也才能把它们准确地译成外语。这种定位都取决于哪些因素、它与汉语的哪部分结构特点有关。本文试图从话语理解的角度做些探讨。

1. 涉位句、非涉位句

不言而喻，并非理解所有的句子都有这类定位问题。换言之，汉语的有些句子涉及到发话者、句中人等的位置，如上述的 a、b，另有一些句子不涉及诸如此类的问题。如"田中是日本人、我会打高尔夫球、小李很漂亮、今天星期五"等。我们把前者叫作涉位句，把后者叫作非涉位句。

1.1 涉位句的特征

从形式上看，涉位句有以下特征。

1.1.1 含有"回"或"～回"、"回～"。例如：

A：（A类与B类的区别，后面将要谈到。对于例句，后面也择要说明。阅读时最好请先做一下基于语感的对比。）

　①张经理不在，他母亲入院，他刚才回家了。

　②王军霞第一个跑回了体育场，全场暴发了一片热烈的掌声。

　③郑振铎写信告诉我，那套丛书几经辗转，终于回到了他的手中。

　④来自香港的马万琪、曾宪梓等委员说，没有"一国两制"的设想，香港回不了祖国的怀抱。

B：

　⑤他明天回上海。

　⑥林冲跟跟跄跄地走回了山神庙。

　⑦西哈努克回到金边以后，马上发表声明，同意了韩桑林的提案。

　⑧桥这一断，大人们出不了村，在县城上学的孩子们也回不了家。

1.1.2 含有"来"或"～来"、"来～"。例如:

A:

　①客人到我家来了。

　②一条小船向这里开来。

　③我来了两封信。

　④他有病住院,来不成了。

B:

　⑤家里来了客人。

　⑥前边开来一条小船。

　⑦他来了两封信。

　⑧大雪封山,他来不成了[1]。

1.1.3 含有"去"或"～去"、"去～"。例如:

A:

　①法国派去了一个医疗队。

　②第二年,张全景就调到组织部去了。

　③去搬家公司去得好,要不现在问题也解决不了。

　④几个人出了停机坪,到候机厅去了。

B:

　⑤法国去了一个医疗队。

　⑥组织部调去了一位干部。(黄国营例句)

　⑦搬家公司去得好,要不现在问题也解决不了。

　⑧飞机场上出去了几个人。(黄国营例句)

1.1.4 含有"在"或"～在"。例如:

A:

　①他在食堂里吃饭。(朱德熙例句)

　②听说现在在上海买房子很便宜。

　③她在寝室里换了一件毛衣,又出来穿外衣。

　④小孙子在前面跑,爷爷紧跟在后面。

B：

⑤他在飞机上写字。（朱德熙例句）

⑥他们在上海买了一栋房子。

⑦连我在火车上搭的白毛巾都忘了解了。（曹禺《雷雨》）。

⑧他们举着"小平你好"的横幅，走在队伍的前面。

1.1.5 含有其他移动动词。例如：

A：

①1936年8月，陆璀作为中国学联的代表前往日内瓦出席第一届世界青年大会。

②那年周总理去缅甸路经云南时，在我们这儿和大家一起欢度了泼水节。

③列车于下午3点准时到达北京，我当时正在北京站。

④吴作人拎起画箱跟着主人缘梯向上爬，安顿好物件，放下油灯，复下楼来。

B：

⑤记者们最感兴趣的，是他离开大使馆的时间。

⑥李碧华跟着朱局长进了办公室，屋里的几个人互相对望了一眼，都闭上了嘴巴。

⑦入学以后，她就分到了我们数学系。

⑧邓小平和他的夫人卓琳、罗莎琳和艾米走上舞台同演员见面。

1.2 动态涉位句和静态涉位句

上面列举的涉位句，还有一个共同的特征，即都与句中人或物的动作（主要是移动）有关。因此，又可称为动态涉位句。以下所说的涉位句，除特别说明的以外，都指这种动态涉位句。这些涉位句，都是比较典型的，在搜集到的资料里，构成涉位句的，还有动词"扑、到、还、付、占领、给、包围、包括、加入、有、夺取、迁移、访问、防守、进攻、奔走、奔跑、降落、参观、选择、保卫、侵略、逛、流传、流行、搜查、靠近"，动趋性组合"～出、～进、～上、～下"，介词"往、从、于、到"等。

与动态涉位句相对的，是指明事物的客观位置的静态涉位句。例如：

①山海关位于东经119°，北纬40°，在河北省秦皇岛市内。南临勃海，北有角山，自古以来，就是连接华北与东北的咽喉要地。

②公园中央是一个湖，湖中央有一个亭子，叫湖心亭。

理解这类静态涉位句，无须确定发话者的位置，与本文讨论的动态涉位句的情形不同。关于静态涉位句的研究，可参看廖秋忠(1983，1989)、方经民(1993)、刘宁生(1994)。

2. 定位句、不定位句

2.1 定位句、不定位句的划分

稍加观察即可发现，1.1.1～1.1.5 所列举的各句虽都涉及发话者或句中人的位置，但在 A 类句中，这种位置是可判定的，句子本身已为确定两者的位置提供了足够的信息。例如：

1.1.1-①张经理不在，他母亲入院，他刚才回家了。（張社長はいません。彼の母親が入院して、さっき家に帰った。）[2]

听话者根据"张经理不在"等，可判断发话者与张经理不在一处，亦不在张经理家。再如：

1.1.5-②那年周总理去缅甸路经云南时，在我们这儿和大家一起欢度了泼水节。
（その年、周総理はビルマに行く途中、雲南に立ち寄り、ここで皆といっしょに水かけ祭りを楽しんだ。）

听话者据后半句可断定，周总理不只是"经过"，还做了停留；据"这儿"可断定，发话者现在云南。（本句的"这儿"还可以说"那儿"。如果是"那儿"，则可断定发话者现在不在云南。）

B 类句不提供这类信息，光凭句子本身，无法得到理解句子所必需的全部信息。下面从上述类型中各选一例做简要说明。

1.1.1-⑧桥这一断，大人们出不了村，在县城上学的孩子们也回不了家。（橋が今壊れると、大人は村を出られないし、町で勉強している子どもたちは家に帰ることもできない。）

句中人的位置是明确的，但发话者在"村里"还是在"村外"，无法确定。

1.1.2-⑦他来了两封信。（彼に手紙が二通来た。／彼から二通の手紙が来た。（彼が二通の手紙を寄越した。））

无法判断是"他收到了两封信"，还是"他给发话者寄来了两封信"。

1.1.3-⑤法国去了一个医疗队。(フランスに一つの医師団が行った。/フランスが一つの医師団を派遣した。)

无法判断是"一个医疗队到法国去了",还是"法国向某地派去了一个医疗队"。

1.1.4-⑧他们举着"小平你好"的横幅,走在队伍的前面。(彼らは「小平さん、こんにちは」と書いた横断幕をかかげて、隊列の前を歩いている。)

无法判断他们是"走在队伍的第一排",还是"走在第一排的前面"。[3)]

1.1.5-⑥李碧华跟着朱局长进了办公室,屋里的几个人互相对望了一眼,都闭上了嘴巴。(李碧華が朱局長について、事務室に入ると、部屋の中の何人かが互いに目を見交わし、口を噤んでしまった。)

无法判断"屋里的几个人"是"在办公室外面的屋里",还是"在办公室里"。

我们把A类涉位句称为定位句,把B类涉位句称为不定位句。下面先从不定位句谈起。

2.2 不定位句的类型及不定位因素

2.2.1 发话者的空间位置不定

由"回"、"～回"、"回～"等构成的不定位句,多属这一类。原因在于,移动动词中,"来"和"去"互补,分别表以发话者为中心的向心或离心移动,都是单一方向的,而"回"在分布上与两者重合,既可表向心的移动,又可表离心的移动,是往复方向的,从而造成了判断发话者空间位置的困难。例如:

a. 他明天来上海。

b. 他明天去上海。

c. 他明天回上海。

a的发话者,一定在上海,因"来"要求"上海"是向心的"心"。b的发话者,一定不在上海,因"去"要求"上海"是离心的移向点。发话者的所在地,才是离心的"心"。而c的发话者,可能在上海,也可能不在上海,因"回"对"上海"没有单向的要求,"上海"可以是向心的"心",也可以是离心的移向点。1.1.1B类的其他各例,也都可做类似的分析。如:

○林冲踉踉跄跄地走回了山神庙。(林冲はよろよろと山神廟にもどった。)(发话者可能在山神庙/可能不在山神庙。)

○西哈努克回到金边以后，马上发表声明，同意了韩桑林的提案。（シハヌークは
プノンペンにもどった後、すぐに声明を発表し、ハンサムリンの提案に同意
した。）（发话者可能在金边／可能不在金边。）

对于这类近于客观描写的句子，不确定发话者的空间位置，似也不妨碍理解，但从理论上说，不定位句缺少关于位置的信息，在信息量和组合项上都不同于定位句，两者的语义功能也必然不同，这无疑是应该揭示的。从实践的角度考虑，定位不同，理解到的信息也是完全不同的。这在把语言符号图像化、影视化的时候，译成外语的时候，进行第二语言教学以及进行机器翻译的时候，都会凸显出来。

2.2.2 发话者的心理位置不定

由"来、去"构成的不定位句，有的与发话者的空间位置有关，有的与发话者的心理位置有关。如上所述，"来、去"都表以发话者为中心的单向移动，但在包含它们的句子里充当主语的，如果是处所性成分，则这一成分既可能是"来、去"的起点，也可能是"来、去"的终点[4]。例如"家里来人了"，发话者即使不在家，他也可以把家看作终点，即把心理位置放在"家"。这时句义为"客人到家里来了"。如果发话者不在家，也不把心理位置放在家，而是放在自己的所在之处，则句义为"家里的人来了"。"组织部调去了一个干部"，可能是"组织部把一个干部调到其他部门去了"，（组织部是起点，发话者的心理位置在组织部）；还可能是"一个干部从其他部门调到组织部去了"，（组织部是终点，发话者的心理位置不在组织部）。在定位句里，可以清楚地看到这两种可能性分别实现的情况。例如：

a．队长说，<u>家里来人了</u>，是一位叫胡服的首长，叫咱们做好接应工作。（隊長は、家（根拠地）から人が来た。胡服という名前の指導者だ。私たちに接待の仕事をしっかりやるようにと言った。）

b．西双版纳的人们永远忘不了那一天，寨前飞来了金孔雀，<u>家里来了尊贵的客人</u>。（シーサンパンナの人々は永遠にその日を忘れられないだろう。村を囲む柵のところに金弼の孔雀が飛んで来て、家には尊い客人が来た。）

c．人们说，到了广州，工作容易找不说，工钱也高，这附近的<u>几个村都去了不少人</u>。（人々は言う、「広州に行けば、仕事を探しやすいだけでなく、給料も高い。このあたりのいくつかの村では、多くの人は村を出ていった。）

d.村长喊了数遍，却没有人往会场去，<u>王才家倒去了不少人</u>。人们围着院子里的肉锅对王才喊："先吃肉，吃完了再去开会。(村長が何度も大声で呼ばわったが、会場へ行く人はいなかった。しかし、王才の家に多くの人が行った。人々は中庭の肉を煮ている鍋を囲みながら、王才にむかって大声で言った。「まず肉を食え、食い終わってから集会へ行けよ。」)

　　a、c中的处所性成分是起点，b、d中的是终点。但仅看画线的部分，四者都不定位。"来、去"前的处所性成分的这一特点，为其成为发话者的心理位置所在或所背都提供了可能，这是此类不定位句存在的结构条件。

　　听话者的认知能力、社会角色和空间位置等，对其判断说话者的心理位置有暗示作用，往往导致人们利用一种"先默认某一命题总是成立"的"缺省推理（reasoning by default）"来进行这一判断，这是此类不定位句存在的心理基础。例如：

　　e.消防队来了一辆救火车。
　　f.足球队来了一辆救火车。

　　对于e，一般的听话者都会将说话者的心理位置，即救火车的到达之处，定于"消防队"之外的某一点，而对f，则将其定位于"足球队"，虽然不论是从句子的结构上，还是从现实可能性上，都不能排除e的意思是"一辆救火车到消防队来了"，f的意思是"从足球队开来了一辆救火车"。

　　在我们的咨询中，还看到这样的现象：对"他要回国了"一句，日本人和在日本的中国人都认为发话者的空间位置是日本，心理位置也是日本，但前者把这句话理解为"他要从国外回日本了"，而后者则理解为"他要从日本回中国了"。原因在于两者对"国"的理解不一样，并把这一差异强加给了发话者。虽然他们都认为发话者的心理位置在日本，但前者利用的是"来"参照系，把发话者的位置看成终点；后者利用的是"去"参照系，把发话者的位置看成起点。在这里，起主导作用的是人们的不同身分，即社会角色和空间位置。

2.2.3 动作者的位置不定

　　含有"在"或"～在"的不定位句，常构成这一类。作为导引动作处所的介词，"在"后的处所，有时只是动作的处所。如"他在鱼缸里养鱼"。(*他在鱼缸里、养鱼在鱼缸里)，有时既是动作进行的处所，也是动作者的所在。如"他在海里游泳"。(他在海里、游泳在海里)。因此，如果句中的动作是可与动作者分离的，就会出现动作者的位置不

定的现象。例如对"他们在上海买了一栋房子"，就无法判断是"他们在上海亲手买的"，还是"他们在其他地方(如在日本)出钱委托别人买的"。2.2.1、2.2.2 类不定位句，也有句中的动作者位置不定的问题，但其中的动作者所做的动作，都是与发话者位置相关的线性移动，一旦确定了发话者的位置，动作者的位置也随之而定。(具体分析见 0.2 节)。这一类则不然，动作者的动作与发话者没有线性联系，即使确定了发话者的位置，也无法为动作者定位。以下各例都属这种情况。

  a．一个武装教组织在贝鲁特发表声明，声称对爆炸事件负责。(ある武装組織はバルートで爆破事件の犯行声明を行った。)

  b．一个外国人，想在东京找工作，谈何容易。(外国人として東京で仕事を探そうと思ったら、口で言うほど簡単ではない。)

  c．光大集团在香港投资办的工厂，已逾百家。(光大グループが香港で投資して、建設した工場はすでに百を越える。)

  d．很多影界明星、政界要人，包括三位奥斯卡金像的获得者和扎伊尔总统蒙博托，都在这个小镇建了自己的别墅。(三人のアカデミー賞受賞者とザイール大統領モブツを含む多くの映画スター、政界の要人がこの小さな村に自分の別荘を建てた。)

  a 中的武装组织可能在贝鲁特，也可能不在贝鲁特。b 中的外国人可能在东京，也可能不在东京。同样，c 中的光大集团可能在香港，也可能不在香港，d 中的影界明星等可能在这个小镇，也可能不在这个小镇。

  动作者不定的句子，有时也形成理解的障碍。在我们请人把下面的 e、f、g 译成日语的时候，译者就提出了其中的"在"等的译法问题。

  e．我们赶到渡口的时候，老人正在河里捞着什么。(私たちが渡し場に到着した時、老人は川の中で（川岸から）何かをすくっていた。)

  f．反政府军的士兵们在开往首都的火车上写了很多标语。(反政府軍の兵士たちは首都への汽車の上で（に）多くのスローガンを書いた。)

  g．刚到非洲的时候，他对阿拉伯语一窍不通，现在日常会话都会说了。(アフリカに来た(行った)ばかりの頃、彼はアラビア語はチンプンカンプンだったが、現在では日常会話はほとんどできるようになった。)

f的"在"即使译成"に",也还是确定不了动作者位置。除了"在"以外,"到、往、从"等介词也有这类问题。对此,我们在另一篇论文里从其他角度做过讨论,可参看。(王占华,1996a)

2.2.4 动作对象的位置不定

这里把动词在语义上的支配对象(objective)称为动作对象。动作对象的位置不定,是由"在"造成的另一类不定位句。例如:

1.1.4-⑦连我在火车上搭的白毛巾都忘了取了。(どこかに／首に)ひっかけた白いタオルさえ取るのを忘れた。)

白毛巾到底是搭在了火车上,还是搭在了我的脖子上,难以确定。形成这种不定位的原因在于,"在"后的处所,除了既可能是动作进行的处所,又可能是动作者所在的处所之外,还可能是通过动作,使动作对象存留的处所。以本句为例,就有以下四种可能:

a．我在火车上。

b．在火车上做"搭"这一动作。

c1．把毛巾搭在火车上。

c2．把毛巾搭在我身上。

ａｂｃ是相容的,可同时实现,ｃ1 和ｃ2 是相斥的,不能同时实现。当动作对象的存留处所似这样有一个以上的可能性时,就会出现难以定位的问题。

构成这类不定位句,要求动词有[+附着]的语义特征,是诸如"写、刻、画、搽、抹、缠、缝、描、补、钉、盖、印"一类动词,(详朱德熙1990)。同类的例子不多见。再如:

○通过他在书桌上刻的这个"早"字,我们看到了少年时代的鲁迅勤奋、刻苦的精神。(机に(で)刻んだ「早」の字から我々は少年時代の魯迅の勤勉で、苦労を厭わない精神を見て取ることができる。)

"早"字刻在书桌上或刻在其他东西上——刻在书桌上的可能性大。

○洞庭天下水,岳阳天下楼。当年范仲淹在岳阳楼上写下的"先天下之忧而忧,后天下之乐而乐"的名篇,陶冶了世世代代的岳阳人。(洞庭天下の水、岳陽天下の楼。当時范仲淹が岳陽楼で(岳陽楼のどこかに)書いた「天下の憂いに先んじて憂い、天下の楽しみに後れて楽しむ」という名句は歴代の岳陽人の精神

を陶冶してきた。）

名句写在岳阳楼上或写在纸上——写在纸上的可能性大[5]。

另有一类句子，从意义上看，也是动作对象不定。如：

a．余款已经退回了。（剩余金はもう返却された。）（《现代中国語用法辞典》（八百词）例）

b．借的书还了没有。（借りた／貸してあげた本は返した「／～てもらった」か。）

c．房钱都付了。（家賃は全部払った／～てもらった。）

d．该给的都给了。（与える／もらうべきものはすべて与えた／もらった。）

a是"发话者把余款退给了别人"，还是"别人把余款退给了发话者"不定。b是"发话者把书还给了别人"，还是"别人把书还给了发话者"不定。c、d的分析从略。与上一类不同的是，这类的动作对象，与动作者有共变关系，所以，也可以看做是动作者的位置不定。

2.2.5 以上分析了不定位句的主要类型以及导致其不定位的因素。应该看到，作为涉位句的次范畴的类，不定位句和定位句是互相关联的。例如1.1.1-②"王军霞第一个跑回了体育场，全场暴发了一片热烈的掌声"。本句如果到"体育场"结束，没有后半句，那听话者无法断定王军霞是「もどってきた」还是「もどっていった」，就是不定位句。再如1.1.2-⑦"他来了两封信"，如把"他"换成"我"，则成定位句。不妨认为，所谓定位句，就是：不定位句＋N（＝定位方式）。为了全面认识话语理解中的定位问题，除了做上面的分析以外，还有必要探讨定位句的定位方式，即探讨这个N。

2.3　定位句的定位方式

廖秋忠(1983、1989)从篇章语言学的角度，讨论了汉语的空间方位词和方位参考点的问题，刘宁生(1994)探讨了汉语表达空间方位的方式，如利用参照物给目的物定位等。虽都是对静态(涉位)句的讨论，但使我们看到了定位问题在话语理解中的重要价值。

动态涉位句与静态涉位句不同，它的定位方式主要有增加长度和改变结构两大类。下面分别说明。

2.3.1 增加长度

(1)同形重指。即使用相同的词语，重复指称同一动作、处所等，借以定位。例如：

①<u>去</u>搬家公司<u>去</u>得对，要不现在问题也解决不了。（引越し業者のところへ行って良かった。さもなければ、今でも、問題は解決できなかっただろう。）

　　②秀楠打过电话之后，就盼着章越早点<u>回家</u>。她想让章越回家时大吃一惊，就用报纸把电话盖上了。（秀楠は電話をかけ終わると、章越が早く家に帰ってこないか待っていた。彼女は章越が家に帰ってきたらびっくりさせてやろうと、新聞紙で電話を隠した。）

　①用"去"重指动作，如没有第一个"去"，则搬家公司可能是到达点，也可能是动作者。②选自一篇反映中国"装家庭电话热"的小说。情节是一对年轻夫妇，排了半年队，终于安上了电话。光看前一部分，听话者无法判断秀楠是否在家打的电话。有了后半部分的"回家、电话"等的重复，就可以定位了。这类重指，也可认为是追加说明。

　(2) 异形复指。即用不同的词语，指称同一对象，借以定位。例如：

　　③他们走了三天三夜，终于到了<u>墨脱</u>。墨脱藏语义为"鲜花盛开的坝子"。<u>这里</u>确实是满山遍野都是花。（彼らは三日三晩歩いて、やっと墨脱についた。墨脱とはチベット語で、「花が咲き誇る平地」という意味である。ここはまさに見渡す限り全て花である。）

　　④在山冈上看到的，皆数人才能合抱的<u>巨柏</u>。枝繁叶茂，直指云霄。吴作人靠在<u>一棵树</u>上说：……。（山の上で見たものはどれも数人がかりでやっと抱えられるようなコノテガシワの巨木で、枝と葉がこんもりと生い茂り、天に向かってすっくと伸びていた。呉作人は一本の木にもたれて言った。…）

　③用"这里"复指墨脱，没有这一复指，无法确定发话者的位置。④用"一棵树"复指若干株巨柏，没有这一复指，无法判断巨柏是在山冈上，还是在远离山冈的地方。

　(3) 限制定位。通过修饰成分，使处所、人(物)等具体化、唯一化，借以确定位置。请比较下面各组例句：

　　⑤a. 记者们最感兴趣的，是他离开大使馆的时间。

　　　b. 记者们最感兴趣的，是他离开朝鲜大使馆的时间。

　　⑥a. 他们先坐长途汽车，从昆明抵德钦，再坐货车进西藏。

　　　b. 他们先坐长途汽车，从昆明抵云南德钦，再坐货车进西藏。

　　⑦a. 八月的一天，系里来了一位老师。

　　　b. 八月的一天，系里来了一位从印尼归国的老师。

c. 八月的一天，系里来了一位态度和蔼的老师。

对⑤a，听话者无从断定发话者是否在大使馆，而对⑤b，则完全可以断定，发话者不在大使馆。⑥a 的发话者，有在"昆明、德钦、西藏"三种可能，而⑥b 的发话者，肯定不在"德钦"。为什么有了"朝鲜、云南"一类定语，后面的处所就不是发话者的所在地了呢。我们一时还说不清楚。⑦a 的"系里"，可能是出发点，也可能是到达点。b、c 的"系里"虽也不能排除这两种可能，但b由于有说明老师身分的定语，是到达点的倾向很强；c由于有描写老师外貌的定语，是出发点的倾向相对地强一些。

从自然语言理解的角度考察，增加长度是"线性消歧"（严浩等，1996）的重要方式，其具体形式，很有必要进一步探讨。

2.3.2 改变结构

以下各例的 a 都是不定位句，改变结构后的 b、c 都是定位句。改变结构的方式主要有下面三种。

(1) 介词定位。使用标示方向的介词，使多向的动作单向化。

① a. 他来了两封信。

  b. 他给我来了两封信。

② a. 他在飞机上写字。

  b. 他往飞机上写字。

③ a. 这几年，波兰迁来了不少移民。

  b. 这几年，从波兰迁来了不少移民。

(2) 趋向定位。使用趋向动词，明确动作的方向。例如：

④ a. 他明天回上海。

  b. 他明天回上海来。

  c. 他明天回上海去。

⑤ a. 一位香港女中学生，独自到内地旅游，遇到了困难。（发话者位置不定）

  b. 一位香港女中学生，独自到内地来旅游，遇到了困难。（发话者在内地）

  c. 一位香港女中学生，独自到内地去旅游，遇到了困难。（发话者可能在香港）

(3) 成分调整。改变句子的结构关系或构成成分达到定位的目的。例如：

⑥ a. 我们公司来了一个技术员。

  b. 一个技术员来我们公司了。

⑦a. 法国去了一个医疗队。

  b. 一个医疗队去法国了。

⑧a. 在谢世的前一年春天，已经是 84 岁高龄的他还和其子及学生数人，手持木杖到超山赏梅，并表示要永居梅林之中。(この世を去る前の年の春、すでに 84 歳の高齢になっていた彼は、息子と数人の学生とともに杖をつき超山に行き、梅の花を愛で、そして、死後は梅林の中に葬られたいと言った。)(发话者位置不定。)

  b. 在谢世的前一年春天，已经是 84 岁高龄的他还和其子及学生数人，手持木杖到超山赏梅，并表示要永居这里。(译文同 a)(发话者在超山。)

2.3.3 以上概括的定位方式，是与不定位句相对而言的，有的方式，虽在理论上的存在，在交际者的实践中，并不经常使用。像"他明天回上海来、他明天回上海去"这类组合，在我们检阅的近二十万字的语料里，只有几见，倒是"S＋回＋处所(了)"这一不定位句的格式经常出现。可见，不定位句有其存在的价值和必然性。也正因为如此，研究定位问题在话语理解中才有意义。

3. 不定位句存在的原因

对不定位句存在的原因，可以从以下四个方面考虑。

3.1 话语交际的系统性

话语交际是一个系统，其构成要素，不只限于语言符号，还有语境、背景知识、表情等。只要交际各方遵守"合作原则(Cooperative Principle)"为对方提供足资理解和判断的信息(不只是语言信息)，就没有必要把不定位句都换成定位句，没有必要提供过剩的信息。看下例：

 a. 女儿:妈，我哥呢？

 b. 母亲:回去了。

 c. 女儿:回去了？

 d. 母亲:明天有课，他下午就回学校了。

  (e. 明天有课，他下午就回学校去了。)

b 是不定位句，没有提供动作者的位置，所以女儿进一步用 C 提问。母亲的回答换

成了 d，但 d 提供了动作者的位置，没有提供发话者的位置，仍是不定位句，不过对完成这一交际，信息量已经足够了。（ ）里的 e 是定位句，既提供了动作者的位置，也提供了发话者的位置，但用它替换 d，反倒画蛇添足，很不自然。一般的说，不定位句对语境的依赖性比定位句强，但自然度比定位句高。

3.2 介词、趋向性成分的隐现

通过和日语对比可以看到，"S＋来／去／回／到／离开／抵达……＋处所"以及"处所＋来／去＋S"一类格式的涉位句中，都有一个介词的空位，有的还有一个趋向性成分的空位。这些成分有时可有可无，隐现自由。例如：

他来北京了。＝他来<u>到</u>北京了。（彼は北京<u>に</u>来た。）
　　　　　　＝他<u>到</u>北京来了。（彼は北京<u>に向かって</u>出発した。）
他去北京了。＝他<u>到</u>北京<u>去</u>了。（彼は北京<u>に</u>行った。／彼は北京<u>に向かって</u>出発した。）
他回北京了。＝他回<u>到</u>北京来了。（彼は北京<u>に</u>帰って来た。）
　　　　　　＝他回<u>到</u>北京去了。（彼は北京<u>に</u>帰っていった。）
北京来了一个剧团。＝<u>到</u>北京来了一个剧团。（北京<u>に</u>一つの劇団がやってきた。）
　　　　　　　　　＝<u>从</u>北京来了一个剧团。（北京<u>から</u>一つの劇団やってきた。）
北京去了一个剧团。＝<u>到</u>北京去了一个剧团。（北京<u>に</u>一つの劇団が行った。）
　　　　　　　　　＝<u>从</u>北京去了一个剧团。（北京<u>から</u>一つの劇団が行った。）

空位里可嵌入的标示位置的成分不是唯一的，零介词的句子就难免成为不定位句。

3.3 涉位介词的模糊性

我们把导引与动作相关的处所性成分的介词，叫做涉位介词。这类介词在介引与动作者的移动或存在有关的位置时，作用是明确的，如以下各例的 a；在表其他动作的位置或表动作对象的位置时，是不是兼指动作者的位置，作用就变得模糊起来，如以下各例的 b。

①a. 他从上海来。
　b. 他从书房里拿出一本书。（他可能在书房里，也可能站在院子里从书房的窗户

拿。）

　　　c. 他在书房里拿出一本书。

②a. 请您过前面的十字路口，再往北拐。

　　　b. 他们往火车上写标语。（他们可能在火车上，也可能不在火车上。）

　　　c. 他们在火车上写标语。

③a. 哈里斯就这样一瘸一拐地走到了终点。

　　　b. 他把大衣放到床上。（他可能在床上，也可能不在床上）

　　　c. 他把大衣放在床上。

存在这一现象的原因在于，涉位介词大都经过了"1.表动作者的动作→2.引出动作者移动的起点、终点或存在点→3.引出动作的起点、终点或进行点"的历时变化，但现阶段2和3的作用并存，实现3的时候也有实现2的可能性。由于"在"是表动作进行点的，所以，只要不是动作者移动的动作，导引其位置的功能都可以由"在"来承担，如以上各例的c；又由于"在"与有与其同形的表存在的动词，其他介词换成"在"以后，句中的动作者是不是"位于斯"的问题就更突出了。

注

1) 本句《现代中国語用法辞典》译为"大雪が山を埋めたため，彼は来られなくなってしまった。"（p244）它的不定位在于，无法确定是"起点大雪封山"，还是"到达点大雪封山"。与此相对的1.1.2-④"他有病住院，来不成了"。则明确地把原因定于起点。本文对这种类型的不定位句未做进一步讨论。

2) 考虑到篇幅和必要性，本文只翻译了部分例句。

3) 严格地说，这是一个静态的不定位句，"队伍的前面"这一位置本身，就难以确定。廖秋忠(1989)认为"～面"等是既能表示包含关系，又能表示排斥关系的方位词。

4) 这类处所性成分是不是主语，尚有不同的看法，本文不打算深入讨论这一问题。

5) 历史事实据说是当时范仲淹不在岳阳，"先天下之忧而忧，后天下之乐而乐"的名篇（《岳阳楼记》），是他应朋友之请，在河南邓州(今邓县)为岳阳楼而写的。

参考文献

程雨民 1983「格赖斯的"会话含义"与有关的讨论」，《国外语言学》第1期，19-25、49页。

渡辺茂彦 1979「"来""去"と行く、来る」,《北九州大学外国語学部紀要》38号, 37-50页。

方经民 1993「论方位参照的构成要素」,《中国語学》240号, 84-88页。

黄国营 1985「现代汉语的歧义短语」,《语言研究》第1期, 69-89页。

廖秋忠 1983「现代汉语篇章中空间和时间的参考点」,《中国语文》第4期, 257-263页。

廖秋忠 1989「空间方位词和方位参考点」,《中国语文》第1期, 9-18页。

刘宁生 1994「汉语怎样表达物体的空间关系」,《中国语文》第3期, 169-178页。

山田進 1977「モドル・カエル・ヒキカエス」,『ことばの意味』2, 140-147, 平凡社。

汤廷池 1979「"来"与"去"的意义和用法」,《国语语法研究论集》301-320页, 学生书局。

王占华 1996a「处所短语句的蕴涵与"在"的隐现」,『人文研究』第48卷第7分册, 31-54页。

王占华 1996b「从日汉机器翻译软件看话语的理解与再现」,『中国学志』泰号, 1-27页。

严浩 陈圣信 1996「清华汉英机器翻译(THCEMT1.0)的汉语处理分析策略和规则处理机制」,《计算机时代的汉语和汉字研究》195-203页, 清华大学出版社。

袁毓林 1996「语言的认知研究和计算机」,《计算机时代的汉语和汉字研究》, 81-104页, 清华大学出版社。

朱德熙 1990「"在黑板上写字"及相关句式」,《语法丛稿》, 1-16页, 上海教育出版社。

第3章-2

"吃食堂"的认知考察

提要 本章从认知语言学的角度,讨论了"吃食堂"一类VO格式中O的性质等问题,认为"食堂"既不是处所宾语,也不是方式宾语,而是受事宾语的转喻形式。此外,对一部分工具宾语、方式宾语、杂类宾语、结果宾语、目的宾语等的分类、归类问题提出了不同的见解。

0. 一般认为,汉语的VO格式中V与O的语义关系比较复杂,除了作为原型(prototype)的动作与受事的关系之外,还有其他十几种语义关系,其中一些是汉语特有的,"吃食堂"就是一个代表。 目前似成定论的看法是,"吃"与"食堂"是动作与处所的关系,"食堂"是处所宾语[1]。

我们(王1997)曾对这种观点提出过疑义,认为"食堂"不过是一般的受事宾语。陆、郭(1998)也针对外国学生模仿这一格式时出现的错误类推,提出"'吃食堂'、'吃馆子'里的'食堂'、'馆子'到底是不是处所宾语,需要从新加以考虑。"

我们打算利用认知语言学的"转喻、隐喻"等概念,进一步考察"食堂"的性质,同时也探讨一下与此相关的其他宾语的归类问题。

1. 转喻的普遍性与宾语的完整形式、替代形式

1.1 转喻

转喻(metonymy)也称"借代",是一种用A来指称与A有关的B的语言现象。例如:

你把书架收拾一下。

白宫对此表示了强烈的不满。

"书架(A)"指"书架上的书(B)","白宫(A)"指"美国政府(B)"。常见的转喻形式还可举出以下几种:

(1)用部分指整体。如:大胡子哈哈地笑着。

(2)用整体指部分。如:他拿起电话,按了建国饭店的号码。("电话"指"受话器")

(3)用产地指产品。如:事儿成了我请你喝茅台。

(4) 用容器指内容。如:他一连吃了三大碗。

(5) 用工具指使用者或动作。如: 小李的姐夫也是个笔杆子。

(6) 用所在地指人、物。如:申办奥运会落选,整个北京都憋着一口气。

(7) 用作者指作品。如:读点儿鲁迅。

以往的语言学研究一直认为转喻是一种修辞手段,不属语法研究的范畴。1980年,认知语言学的代表人物 Lakoff 和 Johnson 提出,转喻不是特殊的修辞手段,而是一般的、普通的语言现象。他们还认为,转喻不仅是语言现象,同时也是人们认识事物和考虑问题的方式。他们总结出了若干条认知模式(cognitive model)。其中很重要的,就是转喻认知模式和隐喻(metaphor)认知模式。与转喻的"用A指称B"相对,隐喻是把适用于A的词语移用于B。例如"我的脑子转得慢",是把适用于机器的"转"移用于"脑子"。有的学者也把两者合在一起,统称为"隐喻"。为方便计,以下有时也采用这一统称。

1.2 隐喻的普遍性

认知语言学家认为,隐喻在言语里普遍存在,很多隐喻都是人们习以为常,连想也不想就自动说出来的。近乎无意识的东西。例如当人们说:"把你的想法说出来"、"他的话我怎么也听不进去"时,实际上是在用"把身体比做容器"的隐喻。当人们说:"这个学期她的成绩上来了"、"爸爸的身体好起来了"、"从那时起,该国经济就开始走下坡路"、"失恋以后,她的情绪很低"时,实际上是在用"理想的状态是'上',不理想的状态是'下'"的隐喻。

据 Lakoff 等(1980)统计,英语里大约有 70％的表达方式是隐喻性的。Langacker(1990)也认为,完全不带隐喻的句子只占少数[2]。

1.3 汉语的隐喻

我们觉得,关于隐喻的普遍性的看法,也适用于汉语,汉语的ＶＯ格式,很多就是由隐喻或转喻构成的。在谈这个问题之前,先看一下两种形式的宾语。

a. 吃人家的饭,看人家的脸

b. 吃了人家的嘴软,拿了人家的手软

c. 吃人家嘴软(周立波《暴风骤雨》)

d. 吃了人嘴短，拿了人手软（刘江《太行风云》）[3]

我们认为，a 的"人家的饭"是完整形式的宾语，而 b、c、d 中的"人家的、人家、人"是这一完整形式的替代形式。换言之，"人家/人＝人家的＝人家的饭"。"人家的饭→人家的→人家/人"就是一个转喻产生的过程，即"人家"和"人"是用所有者来替代所有物。不言而喻，在确定宾语的类别时，我们毫无理由只根据表面形式的不同，把 a、b、c、d 中的宾语分别归入不同的类。目前为止的研究是怎么处理类似情况的呢？以下具体看几类宾语。

1.4 处所宾语

目前所说的处所宾语，依《动词用法词典》的定义，是表"动作行为及于某处所或在某处发生"的宾语。主要可举出四个小类：

(1) 离开大阪　去上海　回故乡　上公共汽车　穿越太平洋　在教室

(2) 吃食堂　读补习班　教大学

(3) 收拾房间　擦后面　端两边　抱上头　梳前边　听北京广播电台

(4) 存银行　写黑板上　放冰箱里　死美国（了）

第 (1) 类中的宾语，分别是动作的出发点、到达点、通过点和发生点等，对于前面的动作来说，它们可以说是典型的"动作行为所及"的处所。对第 (4) 类，我们打算另文讨论[4]，这里主要谈 (2)、(3) 类。

第 (2) 类的"吃食堂"一直被当作处所宾语的代表，认为"食堂"是处所宾语的理由之一，是"吃食堂"＝"在食堂吃"，同样，"读补习班"＝"在补习班读"。"教大学＝在大学教"，因此，"食堂、补习班、大学"都是动作进行的处所。但是这种分析所反映的，到底是不是一条符合现代汉语实际的语义结构和语法结构的对应规律？我们认为值得研究。既然"吃、读、教"的处所可以做它们的宾语，那"在厨房吃"为什么不能说"吃厨房"，"在学校读"为什么不能说"读学校"，"在北京大学教"为什么不能说"教北京大学"？至于和"吃、读、教"意义相近的其他动词不能带处所宾语的例子，更是要多少可以举出多少。不能类推，说明这只是一种权宜的解说，而不是对规律的归纳，更谈不上是对汉语特点的揭示。事实上，"在食堂吃"充其量只是"吃食堂"可能有的一个蕴涵意义，因为"吃食堂"可能是"在食堂里吃"，也可能是在其他场所吃。（参看 2.3）

我们以为,这三个格式都是转喻形式,"(吃)食堂"指"(吃)食堂的饭","(读)补习班"指"(读)补习班的课程","(教)大学"指"(教)大学的课"或"(教)大学生",三者都是受事宾语。由于"教"是个能带双宾语的动词,可以说"教大学生大学的课",所以"大学"有替代两个完整形式的可能。说它们是转喻格式,还可用加量词的办法验证。例如可以说"吃了几顿食堂就把他吃腻了","平时看书自学,星期天再读两节补习班","宁教十节大学,也不教一节小学"。

类似的思想,前人早已谈过。如刘复(1931)就指出:"吃馆子中之酒饭曰'吃馆子',此新语也。然亦有可比拟者,'听梅兰芳'谓听梅兰芳之戏,'写黄山谷'谓写黄山谷之字,语言求简,故取其重而舍其轻也。"[5]遗憾的是这一思想一直没能受到重视,人们在给"吃食堂"等归类时,或许是出于急于找出汉语的某些特点的心理,或许是囿于共时与历时的界限,不是正视替代(转喻)的事实,而是从另一个方向六经注我式地为所谓"'吃'带处所宾语"自圆其说,以致引起了种种混乱[6]。

如能同意上面的看法,那对第(3)类的宾语的性质就很容易说清。这一类也都是转喻形式,"收拾房间"是用处所代替存在物,"擦后面、端两边、抱上头、梳前边"是用部分代替整体,"听北京广播电台"是用处所代替内容,也都是受事宾语。有些宾语所替代的事物有多种可能,在"V O"未进入句子时不易定于一,但同相似格式类比,仍能判定它们并非完整形式。如:"担心家里的老人"一般认为是对象宾语,那"担心家里"就应看成是"担心家里的X"的替代形式,而不宜归入处所宾语。"拔草、拔麦子"是受事宾语,"拔南坡那块地"就应看成"拔南坡那块地的草或麦子等"的替代形式,而不应处理为处所宾语。"挂号"一般认为是受事宾语,"挂内科、挂牙科"就应看做是"挂内科的号、挂牙科的号"的替代形式,也不应看做处所宾语。(上面的例子和归类都引自《动词用法词典》。)我们认为,如果对它们分别处理.分别归类,那将很难建立一个类与类相排斥的,有序的宾语系统。目前的研究中,这类宾语被当成处所的还有很多。再如:

打屁股/石家庄/503高地(=打敌人)[7]
你负责西院/会议室(=负责人事工作)
改第三段/开头/下半部分(=改论文)
熨领口/袖头/大襟(=熨衣服)
盯左边/前半场(=盯对方的队员)

检查那边/工作室(=检查来往行人)

如果像这样把"V+处所/方位词(组)"的格式都看作处所宾语,那几乎可以说,凡是能带受事宾语的动词都能带处所宾语,如"看前边、拿中间、复习前边、唱后边、听后边"等等。建立处所宾语这一类别,还有什么意义呢?

1.5 工具宾语

目前所说的工具宾语主要有三类:

(1)烧水壶 抽烟斗 吃大碗 喝小杯

(2)写毛笔 洗冷水 洗温水 洗热水 听收音机 看望远镜

(3)捆绳子 扇扇子 打枪 打肥皂 打鞋油 刷油漆

第(1)类是用容器替代内容,"水壶"指"壶里的水","烟斗"指"烟斗里的烟丝","大碗、小杯"指"大碗面、小杯酒"之类。第(2)类是用工具替代事物,"毛笔"代替"毛笔字";"冷水、温水、热水"代替"冷水澡、温水澡、热水澡";"收音机"代替"收音机里的节目";"望远镜"代替"望远镜里的景物",它们也都是转喻形式,都是受事。

对第(3)类,我们在另一论文中(王 1998)讨论过,认为以往的研究对动词词义的理解值得商榷。如"捆绳子"是"缠绕绳子","扇扇子"是"扇动扇子","绳子、扇子"都是受事。"打肥皂、打鞋油"的"打"都是"涂抹","肥皂、鞋油"是"被涂抹者",也都是受事。"打枪"的"打"和"打人"的"打"同形,但"打枪=开枪、放枪","打"是"放射"的意思,并不是"用枪打人"的"打"。比照"打信号枪",这一点可以看得很清楚。我们对现代汉语里到底有没有工具宾语表示怀疑,当然,这还需要进一步论证。

1.6 方式宾语

有些方式宾语和工具宾语类似,如"唱A调、写仿宋体、理背头"等格式中的宾语。与工具宾语相同,"A调"是"A调的歌"、"仿宋体"是"仿宋体字"、"背头"是用发型指代头发,三者都是受事宾语。

1.7 杂类宾语

一些杂类宾语也是转喻形式。例如:

(1)吃父母、吃集体、吃粉笔灰、吃瓦片儿、吃房租、(靠山)吃山、(靠水)吃水

这里的"父母、集体、山、水"替代"父母、集体、山、水"提供的"饭";"粉笔灰"指"教书的工作(换来的'饭')";"瓦片儿"指"房租(换来的'饭')",它们也都是受事宾语。

(2)偷嘴、插嘴、谈心

前一个"嘴"替代"嘴吃的东西",后一个"嘴"替代"嘴说的话",两者都是受事。"谈心"是"谈心里话",也是受事。

(3)闯红灯

"红灯"指"红灯规定的界线",是处所宾语。构成和关系都类似"闯封锁线"。

(4)上年纪。上百(人)

两者都源于"大、多"是"上";"小、少"是"下"的隐喻,"年纪"指某一年纪的点(比方七十岁);"百"指数轴上表 100 的点。两者都是处所宾语,构成和关系类似"上飞机"。

1.8 结果宾语

以往的研究认为,"炒菜"的"菜"是受事宾语,但"炒麻婆豆腐"中的"麻婆豆腐"则是结果宾语。用转喻的观点来看,两个格式中的宾语是用成品替代材料或半成品,也都是受事。如果把"炒"的意义限定为"把食物放在锅里并随时翻动使熟"[8]的话,那无论炒什么,宾语都是"被翻动物",不同的只是用什么来指称它。"炒菜"是用材料来指称被翻动物,"炒麻婆豆腐"是用成品来指称被翻动物。有一种把含有[+制作]等义的V的宾语都视为结果宾语的观点,如认为"做衣服、写信、盖房子、说笑话、记笔记"等的O都是结果,我们觉得难以认同,认为它们也都是受事。我们认为它们不是结果,还有一个理由,就是 V O 和"V 成/好 O"在意义上的对立。"做衣服"并不等于"做成衣服";"写信"也不等于"写好信"。"V 成/好"的 O 才有可能是结果。有几个常引用的例子:

"揉面"和"揉馒头","堆雪"和"堆雪人","擦萝卜"和"擦萝卜丝"

李(1990)认为前面的三个是受事宾语,后面的是结果宾语,用来证明的形式标志是:

甲.面我揉了馒头了。 雪他们堆了雪人了。 萝卜我擦了萝卜丝了。

乙.我把面揉了馒头了。 他们把雪堆了雪人了。 我把萝卜擦了萝卜丝了。

丙.面被我揉了馒头了。 雪被他们堆了雪人了。 萝卜被我擦了萝卜丝了。

V后有"了1",句后有"了2",当然可以证明句中的O是结果,但这并不能证明"VO"与"V了O了"有同一性,即证明不了"揉馒头=揉了馒头了"[9]。

1.9 目的宾语

《动词用法词典》划分目的宾语的标准是:"VO→为V而O,则O是目的"。如"挤公共汽车→为上公共汽车而挤;排电影票→为买电影票而排"等。从转喻的角度看,"挤"是用"上"的方式指代"上";"排"是用"买的方式指代"买"。"公共汽车"是处所宾语,"电影票"是受事宾语。

2. 分清关系意义与关系项意义

2.1 采用转喻等观点考察VO格式,还必须理清目前的研究中把关系意义和关系项意义混为一谈的现象。确定组合AB的类,从逻辑上遍举,可以有七个标准:

(1)根据AB之间的关系　　　(2)根据A+B的意义

(3)根据A+B的功能　　　　(4)根据A的意义

(5)根据A的功能　　　　　(6)根据B的意义

(7)根据B的功能

七个标准中,(3)、(5)、(7)是功能标准,与划分O的语义类无关。其余都是意义标准,(1)是关系意义,(2)、(4)、(6)是关系项的意义,即A本身、B本身或A+B构成的结构本身的意义。VO格式的原型(即O是V的受事,)是根据(1)划分的,确定其他宾语的类别时,不能改换标准。

2.2 目前的研究对处所宾语的处理,有些是按照(1)分类的,把表"动作行为及于"或"发生"的O,看作处所宾语。但有些研究同时又采用标准(6),规定"方位词作宾语的,是处所宾语(《动词用法词典》)",在实际操作中,又划入了大量的处所词。这势必把性质不同的宾语归为一类。方位词、处所词等确实具有共同的核心意义(空间的某一点),但这只能说明它们同属一个聚合,并不能说明它们同V的组合关系都一样。

传统上采用过的用"哪儿"来提问的验证方式,(如上文1.4的四类中的宾语都可以用"哪儿"来提问),只能证明孤立状态下的O的意义类属,证明不了V和O之间的关系,也证明不了O在转喻格式中的所指。"去北京"的"北京"是处所宾语,并不能

由"去哪儿"来证明,因为对"喜欢北京",同样可以用"喜欢哪儿"来提问。换句话说,我们认为"去北京"的"北京"是处所宾语,根据的并不是"北京"这个词是处所名词,而是"北京"是"去"这一动作的到达点。同样,"食堂"所具有的处所意义,也证明不了它是"吃"的处所宾语。如果按照O的意义划分宾语的类别,那"找食堂、建食堂、拆食堂、夸食堂、骂食堂"中的"食堂"岂不都该归入处所宾语吗?

2.3 转喻是有层级性的,除了宾语是转喻形式以外,还有些ＶＯ格式本身也是转喻形式。例如"吃父母",整个格式转指"靠父母养活","吃粉笔灰"转指"当教师","吃山、吃水"转指"以山、水为生活来源","吃食堂"转指"在外面搭伙"。对这样的格式,划分宾语的依据仍然应是Ｖ和Ｏ之间的关系,即上文的标准(1);而不是整个结构,即上文的标准(2)。也就是说,确定宾语的类别同整个ＶＯ格式是不是转喻形式没有关系。史(1997)认为,"吃食堂"是方式宾语,其根据是"'吃食堂'并非仅仅是在食堂里吃,而是依赖食堂,因此是一种吃饭的方式,从食堂里把饭菜买回家里去吃也是'吃食堂'"。相原(1997)也持类似的看法。

我们完全同意"吃食堂是一种吃饭的方式"的说法,问题是所谓"××宾语",是指Ｏ是Ｖ的"××宾语",而不是指ＶＯ是Ｖ的××宾语,就如同说"吃面条儿"中的"面条儿"是"吃"的受事,而不说"吃面条儿"是Ｖ"吃"的受事一样。再看一例,"吃大锅饭"向被说成是方式宾语,且作为定论被写进工具书[10]。到底"大锅饭"是"吃"的方式,还是"吃大锅饭"是分配劳动报酬(亦可用"吃"指代,)的方式(即它的隐喻形式)呢。答案是显而易见的。在我们看来,"(吃)大锅饭"和"(吃)大米饭"丝毫没有两样,都是无可争议的受事。

3. 余论

毋庸赘言,含有转喻或隐喻的ＶＯ,不一定是语法或语义上的非自足形式。朱(1982)指出:"省略的说法不宜滥用,特别是不能因为一个句子意义上不自足就主观地说它省略了什么成分。譬如公共汽车上的乘客对售票员说:'一张动物园',这本来是一个完整的句子,(非主谓句),什么也没有省略。我们不能因为这句话离开了具体的语言环境意义不明确,就硬说它是'我要买一张上动物园去的票'之类说法的省略"。本文的内容,很容易被误解为是讨论"一张动物园"是替代什么的。其实不然,我们想极力说清的,

是能否根据"一张动物园",就说"张"是"动物园"的量词的问题。

注

1)见《动词用法词典》。以下ＶＯ格式的例子,也多引自该词典。

2)这一部在内容和表述上都参考。引用了山梨正明1995、张敏1998、沈家煊1999。

3)以上四例转引自温端政等编《古今俗语集成》,1989 山西人民出版社。

4)我们认为,这类是在口语里发生语流音变,脱落了Ｖ后的"在/到"的动补格式,加 上"在/到"以后,Ｖ后的成分与Ｖ的关系不变。这和"来(到)/回(到)北京"等用加"到" 来消除歧义不一样。(如"你什么时候回北京?"既指"出发时间",又指"抵达时间",而"你什么时候回到北京。"只指"抵达时间"。史(1997)把这种脱落了介词的形式与方言做了对比,指出在上海话、常州话里,都可找回相应的介词。

5)刘复《释"吃"》,转引自晁继周「二十世纪的现代汉语词汇学」,见刘坚主编《二十世纪的中国语言学》,1998 北京大学出版社。

6)如《现代汉语词典》(修订本)认为"吃食堂"的"吃"与"吃饭"的"吃"不是一个。后者是"把食物等放到嘴里经过咀嚼咽下去",而前者是"在某一出售食物的地方吃"。(见该词典164页,1996 商务印书馆)。又如在教学与研究中认为"吃食堂"可以说,"喝食堂"不能说,所以"吃"与"喝"不属一个小类。"吃"与"喝"的配价不同。在机器翻译的研究中先制定"吃"能带处所宾语的规则以"生成""吃食堂",同时又必须制定限制它带其他处所宾语的规则,以排除"吃厨房"等。

7)括号内是我们的判断,即认为前面三个格式中Ｖ与Ｏ的关系和"打敌人"一样。下同。

8)见《现代汉语词典》(修订本)149页 。

9)有些动词有[+失手破坏]的语义特征。常构成下列ＶＯ。如:"刴了一个大口子、塌了一个坑、烫了一个泡、踏了一个脚印"等。这些格式的共同特征是Ｖ后有"了",Ｏ前有数量成分,都没有ＶＯ的原始形式,如没有"刴口子、塌坑、烫泡、踏脚印"等。如果要建立结果宾语一类,这一类可以算作结果宾语,但它们不是最小的结构形式,同其他ＶＯ显然不在同一层次。

10)如《中日词典》193页,1995,商务印书馆・小学馆。

参考文献

李临定 1990《现代汉语动词》,中国社会科学出版社。

陆俭明 郭锐 1998「汉语语法研究所面临的挑战」,98现代汉语语法学国际学术会议论文。

孟琮 郑怀德 等 1987《动词用法词典》,上海辞书出版社。

孟庆海 1986「动词＋处所宾语」,『中国语文』第 4 期。

山梨正明 1995《認知文法論》, ひつじ書房。

沈家煊 1999「转指和转喻」,『当代语言学』第 1 卷第 1 期。

史有为 1997「处所宾语初步考察」,《大河内康宪教授退官纪念中国语学论文集》, 东方书店。

王占华 1997「汉语特殊ＶＯ格式语义关系研究中的若干理论问题」,『人文研究』第 49 卷第 10 分册。

王占华 1998「论动词的工具义素对句法结构和话语理解的影响」,『人文研究』第 50 卷第 8 分册。

相原茂 1997《謎解き中国語文法》, 講談社。

张敏 1998《认知语言学与汉语名词短语》, 中国社会科学出版社。

第3章-3

趋向补语的认知分析

要旨 本章は中国語母語者の認知心理に基づき、意味的な特徴と統語機能から、いわゆる「趨向補語」及び趨向動詞に対して再分析を行った。従来の分類枠を改め、「来、去」だけを「趨向補語」の担ぐ手にし、「上、下、序、出」などを「定向移動動詞」と認識し、さらに先行研究を踏まえ、このようなVRのRが「偏正結構」の正、即ち「内心構造」(endocentric construction)の「心」に当たると主張した。また、教育と学習の観点から、新しい基準で、動詞と補語、目的語との組み合わせ規則をまとめてみた。

0. 问题的提出

0.1 一般所说的趋向补语，有很多不对称分布。例如：

a. 走来一个人	b. *走来山顶	c. ?走一个人来
爬上一个人	爬上山顶	————
*走回去教室	*走教室回去	走回教室去
拿来一本书	————	拿一本书来
*切来一个西瓜	————	切一个西瓜来
拿出来一本书	拿出一本书来	拿一本书出来[1]

0.2 这些不对称中隐含着两个问题：

一、趋向组合内部具有哪些影响分布的语义特征？

二、趋向补语和其他成分共现时，在位置安排上有什么规律？

以往对这两个问题的直接或间接的研究很多，如范继淹 1963、大河内康宪 1970、刘月华 1988、1998、杉村博文 2000、荒川清秀 2000、高桥弥守彦 2000、柯里思·刘淑学 2001 等。对第二个问题，陆俭明 2002 做了非常精细并有实用价值的讨论，从趋向补语的类型、动词的类型、宾语的类型、语境等角度，归纳出 24 种格式，指出了每种的构成特点。不过，关于各种格式差异产生的原因，该文说，"未从认知的角度加以深入

而又合理的解释，解释工作有待于别人或以后去做"。本文就打算利用陆先生提出的问题，试着做些解释，同时也提出一些对趋向补语的不同分析。

1. "趋向"再议

1.1 按照目前看法，趋向补语是指出现在动词或部分形容词后面的以下三组动词：
    a：来、去
    b：上、下、进、出、回、过、起、开[2]
    c：上来、下来、上去、下去、进来、进去、出来、进来、出来、出去、回来、回去、过来、过去、起来、开来

三组中存在着 c＝b+a 的关系，我们先谈前两组。根据一般的定义，充当补语时，两组都表示趋向，但正如很多先行研究所指出的，这两种趋向的性质并不相同。

    a 组的"来、去"表示的趋向是移动同说话人的立足点之间的位置关系。不论是朝着自然界的哪一个方向的移动，只要是"逐渐向说话者接近"，则为"来"，反之则为"去"。一些含有"来、去"的语句，语言形式并不重要，说话者的立足点决定其意义。我们(王占华1997)曾经举过下面的例子：

(1) 我们公司<u>来</u>了一个技术员。

(2) 前面<u>开来</u>一条小船。

(3) 搬家公司<u>去</u>得好，要不现在问题也解决不了。

(4) 组织部调<u>去</u>了一位干部。

以(1)为例，如果说话者把立足点放在"我们公司"，意义为"a. 一个技术员来到了我们公司"，如果把立足点放在公司以外的地方，意义是"b. 我们公司派来了一个技术员"。(2)、(3)、(4)也是这样，都因说话者的立足点不同有不同的解释。有人称这种移动方向的判断方式为"主观参照"(齐沪扬1995)，我们认为，不妨直接称为"言外参照"或者"语用参照"。因为说话者把立足点放到哪儿，在很大的程度上是一种语用行为，具有相当的任意性。

1.2 b 组动词(以下有时也称为"'上'类动词")与此不同。它们反映的是移动同起止点之间的位置关系，同说话者的立足点无关。不论说话人把立足点置于何处，"山顶爬<u>上</u>了很多看红叶的人"、"树上跳<u>下</u>了一只猴子"，都没有上文谈到的歧解。换言

之，言外的立足点不影响"上"类动词表达的意义。

1.3 "来、去"以说话者的立足点为视角观察移动的语义特点，使"V+来/去"的组合构成一个表说话者面前出现或消失了什么的准存现格式，后面只能是出现或消失者（物），不能是处所。例如：

(5) a. 前面<u>开来</u>了一辆吉普车。

　*b. 一辆吉普车<u>开来</u>了前面。

(6) a. 四月竣工的合肥机场首次<u>飞来</u>海外银燕。

　*b. 海外银燕首次<u>飞来</u>四月竣工的合肥机场。

(7) a. 昨天下午，翟总的房间也<u>搬去</u>了同样的一个办公桌和一张床。

　*b. 昨天下午，同样的一个办公桌和一张床也<u>搬去</u>了翟总的房间。

而"V+b组"没有这样的限制，后边既可出现移动者，也可出现场所。如：

(8) a. <u>爬上</u>一个人

　b. <u>爬上</u>山顶

(9) a. <u>跑进</u>很多学生

　b. <u>跑进</u>教室

1.4 以说话者的立足点为视角的特征，还使"来、去"有时能用来表示"给予"关系，构成命令格式。例如：

(10) "少罗唆，你快拿药<u>来</u>！"（比较："少罗唆，你快给妈妈拿药<u>来</u>！"）

(11) 照照镜子<u>去</u>，你看你都成什么了。（引自卢涛2000p154）

1.5 不难看出，a组动词和b组动词是有差别的，"来/去"是说话者从自己的视点出发，对客观移动方向的主观描述，在这个意义上，把它们叫作"视点动词"也为未尝不可，因为实际上并不存在具体的"来"、"去"这两个动作。而b组则是按照各种既定类型(pattern)，如"从上到下、由里到外"等的移动。如果把前者定为"趋向"，那后者显然就不是这种"趋向"，反之亦然。如果像目前这样，让"趋向"的概念兼容，把两者都归入趋向动词，那解释由它们的差异造成的句法限制时，就会遇到困难。从二语教学的实践来看，也不便于非母语者的认知和理解。因此，我们主张缩小趋向补语的范围，只把"～来、～去"看作"趋向"，而把"～上"等归入其他结构。

2. "上"类动词的性质及"V＋b"的性质

2.1 "趋向补语"的思维定式，导致以往过分强调这些动词的方向意义，而忽略了其他意义。"上"类动词首先是动词，它们的基本意义，不是表趋向，而是表移动。《现代汉语词典(修订本)》把移动定义为"改换原来的位置"(1484页)，我们想根据移动的性质，将其再分为"定向移动"和"非定向移动"。定向移动指从一点向另一点的移动，如从A点向B点的移动等。"上"类动词都表这类移动。例如：

上：从低点移向高点

下：从高点移向低点[3]

进：从容器外移向容器内

出：从容器内移向容器外

回：从N位置移向原来的位置

过：从N位置经过某一空间移向M位置

起：从卧移向坐或从坐移向站

开：从合拢移向展开

以下有时也把这类动词叫做"定向移动动词"。

2.2 非定向移动指没有固定方向的移动。表这类移动的动词又分两类。一类是"走、跑、飘、流"等表躯体或物体自身运动的"自移动词"(柯里思・刘淑学2002，下"他移动词"同)。另一类是"拿、运、撕、扔"等表"导致物体位置改变"的"他移动词"。

自移动词再如：

A：走、跑、跳、爬、钻、坐、站、飞、蹲、蹦、滚、游、飘、流、照、射

B：追、跟、冲、闯、逃、退、缩、靠、凑、扑、围

对A类中表躯体动作的部分，也有人称作"存在方式动词"(ありさま動詞，高桥弥守彦 2000)。自移动词出现在定向移动的动词前面时，表示移动的具体方式。如"走上"的"走"是"上"的方式、"爬进"的"爬"是"进"的方式。

他移动词再如：

拿、搬、运、邮、寄、扔、带、送、抬、牵、抓、拉、交、放、偷、撒

他移动词出现在定向移动动词前时，表示移动的原因。如"抬上"的"抬"是"上"的原因、"扔下"的"扔"是"下"的原因。

自移动词和部分他移动词都能加上"来、去"，构成"移动+趋向"的动补格式。

2.3 采取这样的看法，意味着把一直被当作补语的"上"类动词，变为偏正结构的"正"(即中心语)，我们这样做的根据是："上"类动词在这种结构里不但保留着定向移动的意义，也保留着(或者说"增加了"结构的)语法功能。

　　*走山　　上山　　走上山　　　　*滚房间　　进房间　　滚进房间
　　*抬舞台　上舞台　抬上舞台　　　*搬院子　　出院子　　搬出院子

如果结构中的"上"类已经没有定向移动意义和带处所宾语的语法功能了，我们主张把它们看作其他成分(结果补语、可能补语)或复合词的一个语素。如：

他闭上眼睛不说话了。(转引自刘月华1998，下三例同。)

她甘愿把一生最美好的时代——称得上是青春中的青春，留给她哥哥的事业。

桌子中间凹进一块，很不美观。

他，个子长得高多了，比鲁泓日夜揣摸着的儿子的形象还要高出好多。

这涉及到词和词组的界限、基本义和引申义的划分等问题，需要另外讨论。有些自移动词本身也可带处所宾语。如"跳楼、跳海"[4]，中的"跳"。对这类自移动词，我们也按照上面的标准，即根据它们与"上"动词组合以后，"上"类的意义和功能是否存在来判断V+"上"的性质。例如，对"跳上舞台、跳下舞台"的"跳上、跳上"都看作偏正；而把"跳上舞了"中的"跳上"归入其他成分。

2.4 把传统的"动趋"格式看作偏正结构，不是本文的首创。如李临定 1984 对补语的"哪个"补"哪个"的讨论就已显露出这种倾向。马希文1987进一步指出，与其说ＶＲ的Ｖ是主要成分，不如说Ｒ是主要成分。再如薛凤生 1994 认为，"汉语普通话里常见的一种句法格式是所谓'动补式'，它由一个动词加上一个表示结果或趋向的词构成，如'打破'、'杀死'、'抢走'、'拿来'、'拿来'、'送去'等等。这些动补复合词都充当及物动词，大多数人几乎凭直觉就认为动作动词是'主要动词'，并把后面表示结果或趋向的词看作'补语'。但是，如果我们对'主要动词'不是简单地定义为'表示动作的动词'，而是从实质上定义为'动词短语的中心语'，我们就不得不

说那个'补语'实际上是动词，而那个'动词'实际上是动作状语（着重点为原文所加，引者注）。因为从内部结构看，所谓的动补式全都是向心结构，'补语'是它的中心语。例如，当我们说'推开门'或'把门推开'时，中心意思是'开'，'推'只是一个动作状语，表示实现'开'的方式（有许多其他方式，如'踢'、'叫'、'骂'、'哭'等等。）"据薛文的附注，戴浩一在1973年提交给美国语言学年会的论文「论汉语动补结构中的中心语」就已持有基本相似的观点[5]。高桥弥守彦2000也做过类似的分析。

我们不赞成对所有的ＶＲ一概而论，尤其是不能同意把已经失去了原来的句法语义功能的"上"类充当的Ｒ看做动词短语的中心语。本文所做的尝试，可以说是上述观点的具体实践。

2.5 这样，我们就把传统上说的动趋格式分成了三类：

	例	传统分类		本文分类	
		语义结构	语法结构	语法结构	语义结构
1	定向+来/去 自移+来/去 他移+来/去				
	上来 进去 走来 追去 买来 送去	移动+趋向	动补结构	移动+趋向	动补结构
2	自移+定向				
	走上 退出 跑进 跳下	移动+趋向	动补结构	方式+移动	偏正结构
3	他移+定向				
	放进 运回 搬上 拿下	移动+趋向	动补结构	原因+移动	偏正结构

2.6 现在谈1.1的ｃ组。根据上面的划分，我们认为传统上说的Ｖ＋复合趋向动词（即ｃ组）构成的格式，如：

　　跑上来　　买回来　　搬出来　　拿进去

等的层次并不是"Ｖ＋上来"，而是"(Ｖ＋上)＋来"。也就是说，不是Ｖ＋复合趋向动词，而是偏正结构＋趋向动词，能证明这点的是，这类格式中插进移动者或处所时，插在"Ｖ上"和"来"之间，而不是插在Ｖ和"上来"之间。例如：

　　跑上<u>一个人</u>来　　(*跑<u>一个人</u>上来)

　　跑上<u>二楼</u>来　　(*跑<u>二楼</u>上来)

　　搬出<u>桌子</u>来　　(*搬<u>桌子</u>出来　注：看作连动格式，可说。)

那么可否认为是"跑+上一个人来、搬+出桌子来"呢?显然也有困难。因为这类格式中加入"了"等 aspect 标记时,也是加在"上"类动词和宾语之间,而不是加在它前面。如:

跑上了一个人来（*跑了上一个人来）　　搬出了桌子来（*搬了出桌子来）

另外,"出桌子"等也不成结构。在我们的体系里,表趋向的只有"来、去",因此,不存在"复合趋向动词",当然也就谈不到"复合趋向动词做补语"。我们认为 c 组都是独立的词。对由动词同它们构成的下列结构:

跑了上来　　买了回来　　搬了出来　　拿了进去

等,我们也觉得,理解为"方式＋动作"的偏正结构,即"跑了上来"而不是"走了上来"、买了回去,而不是"偷了回去"等,更符合一般语感。[6] 本文没有涉及可能补语,其实,由上述格式构成的可能补语,如:

跑得/不上来　　买得/不回来　　搬得/不出来　　拿得/不进去

的语义重点,也很明显是在后面,而不是在前面。即"跑得/不上来"是说能不能"上来",而不是说能不能"跑"。

采取这样的看法,"跑上来"一类,都是同形格式,表趋向时,是"（V＋上）＋来";表方式等时,是"V＋上来"。[7]

"复合趋向动词做补语,宾语既可出现在补语后,又可插在复合趋向补语之间"的说法,是造成补语和宾语位置问题的根源。如果在学习者的"白板"阶段,根本就不采用这类说法,问题也就不会产生。近年关于儿童语言习得的研究中,也未见(仅就笔者的阅读范围)运用这种格式晚于其他格式的数据。相反,却有两岁左右的孩子自由使用"动＋宾＋趋"的实例。(孔令达·王王祥 2002)

3. 趋向补语与宾语的排列规则

3.1 有了上面的认识,我们虽然还不能概括出全部规则,但可以使概括方式变得相对简单。比方可以说:

A. 只有动趋之间能出现宾语

如果采用形式上好把握的说法,也可以说:

B. 宾语必须紧靠"来/去"之前（A=B）[8]

下面以陆俭明 2002 归纳的各种结构为例,验证一下上面的规则。

3.2 自移+"上"类+处所

*爬屋顶上　　　*走二楼下　　　*走房间出　　　*跨门槛过
（爬上屋顶　　　走下二楼　　　走出房间　　　跨过门槛）

"V+上"是"方式+移动"，不是"动趋"，（或者说没有"来/去"，）不能出现宾语。

3.3 自移+"上"类+移动者

*爬一个孩子上　　　　　　*走两位老人下
（爬上一个孩子　　　　　　走下两位老人）

*走徐经理和秘书小张出　　*闯一个小伙子过
　走出徐经理和秘书小张　　闯过一个小伙子）

原因同上。

3.4 他移+"上"类+处所

*送图书馆回　　*踢球门进　　*拿房间出　　*推舞台上
（送回图书馆　　踢进球门　　拿出房间　　推上舞台）

"V+上"是"原因+移动"，不是"动趋"，（或者说没有"来/去"，）不能出现宾语。

3.5 他移+"上"类+移动物

*送昨天借的书回　*踢开赛以来的第一个球进　*拿不少东西出　*推一个人上
（送回昨天借的书　踢进开赛以来的第一个球　拿出不少东西　推上一个人）

理由同上。

3.6 "上"类+处所+来/去

上山来　　下游泳池去　　回娘家去　　进教室来

"上+来/去"是"移动+趋向"，即"动趋"，（或者说有"来/去"，）所以能出现宾语。

3.7　自移＋处所＋来/去

跑我这儿来　　　飞外边儿去　　　闯会议室来　　　游河里来

"自移＋来/去"也是"移动＋趋向"，即"动趋"，所以能出现宾语。

3.8　自移＋移动者＋来/去

跑(了)条狗来　　　飞(了)几只鸟儿来　　　跟(了)个可疑的人来

理由同上。

3.9　他移＋处所＋来/去

搬我们系来　　　扔垃圾桶里去　　　送家来　　　带美国去

"他移＋来/去"是"移动＋趋向"，即"动趋"，（或者说有"来/去"，）所以能出现宾语。

3.10　他移＋移动物＋来/去

送两瓶酒来　　　扔一个球去　　　搬一张床去　　　寄圣诞卡来

理由同上。

3.11　自移＋"上"类＋处所＋来/去

爬上山来　　　跳下游泳池去　　　走回娘家去　　　冲进教室来

理由同3.6。

3.12　自移＋"上"类＋移动者＋来/去

爬上一只猴子来　　　跳下一个孩子去　　　跑回一个民工去　　　冲进几个学生来

理由同3.6。

3.13　他移＋"上"类＋处所＋来/去

搬回我们系来　　　扔进垃圾桶里去　　　送上门来　　　带回美国去

理由同3.6。

3.14 他移＋"上"类＋移动物＋来/去

送上<u>两瓶酒</u>来　　　扔过<u>一个球</u>去　　　搬出<u>一张床</u>去　　　寄回<u>圣诞卡</u>来

理由同 3.6。

3.15 上面的检验回避了几个问题。例如 3.6，为什么宾语只能是处所，不能是移动者?只能说"上<u>山</u>来"，不能说"上<u>一个猴子</u>来"?而前面加上自移动词的 3.12，宾语则既可以是处所，也可以是移动者，能说"爬上<u>一只猴子</u>来"?我们觉得，运用任何一条规则，都需要借助其他语法、语义知识。动趋之间出现宾语，从层次上看，就是"(动＋宾)＋趋"，被插入的成分能否与 V 组合，当然要受制于动词对宾语的选择。"上"只能带处所宾语，而"爬上"则两种宾语都能带的原因，上文 2.4、2.5 也做了解释。

3.16 对一些格式能说或不能说的判断，有时因人而异。下面的 A 类，按 3.1 的规则应该能说，但陆 2002 都认为不能；B 类按规则都不能说，但该文认为能说。

A	B
走进了<u>一个孩子</u>去(陆文前有*号)	走了<u>一个孩子</u>进去(陆文认为能说)
爬上了<u>一个人</u>去(同上)	爬了<u>一个人</u>上去(同上)
跑出了<u>一条狗</u>去(同上)	跑了<u>一条狗</u>出去(同上)
游过了<u>一个人</u>去(同上)	游了<u>一个人</u>过去(同上)

又如 0.1 里的"切来一个西瓜"，和"拿来一个西瓜、切来一块西瓜"比，显然不是很自然的说法，陆先生认为其原因在于"切"不含位移特征。不过，好像也不是完全不可接受。同类的还有"炒来盘儿木须肉、煮来点儿绿豆汤、沏来壶龙井"等。这类句子插入宾语的形式，如"切个西瓜来"，多为祈使句。

这些涉及到语感和动词借喻范围的问题，只好留待进一步观察讨论。

4. 小结

(1)．"移动＋趋向"是一种"言际"语义·语用关系，结构比较松散，所以，中间能够出现其他成分。

(2)．"方式/原因＋移动"是汉语基本语义格式的一种，结构紧密，词汇化程度高，

不能出现其他成分。

(3). (1)和(2)提到的两种格式,是位于动补结构和偏正结构之间的一个语义连续的两种表现形式,把区分的界限划到哪儿,既有对汉语本身的认识问题,也有研究和教学策略问题。我们觉得,缩小动趋的范围,形式上容易把握(只有"来、去"),也可找到诸如层次切分、插入规则等方面的证明,体现了汉语母语者对移动和方向等的认知结果。

注

1) 引自陆 2002, 顺序和内容有调整。如果考虑由隐喻等造成的趋向补语的引申用法,可以举出的不对称就更多,本文不涉及引申用法。
2) 有研究把"到"也归入 b 类,我们把它看作介词。
3) 既可以说"下床",也可以说"下地"(刘 1998),但动作都是由高点到低点。
4) 平田昌司先生指出位这一点。他认为,自移动词也可据此再划分小类。
5) 感谢平田昌司先生指出这一点并提供资料来源。
6) 据柯·刘 2001,河北冀州话里有"拿不了来、买不了来、送不了去",其中的"了"的读音和意义都与V后的"了"不同。
7) 采用这样的看法,处理它们的引申用法时,也许会遇到一些困难。如对"说下去、唱起来"等,不太好说前边是后边的方式。不过,这种情况下的"下去、起来"已经语法化,应视为虚词。
8) B是对A的解说,这样说的前提是"如果插入宾语的话"。

参考文献

大河内康憲 1970「"走了进来"について」,《中国語の諸相》東京:東方書店。

渡辺茂彦 1979「"来""去"と「行く」「来る」」,《北九州大学外国語学部紀要》38。

范继淹 1963「动词趋向性后置成分的结构分析」,《中国语文》第4期。

高橋弥守彦 2000「補連語"走出来"について」,日本中国語学会発表論文。

古川裕 2001「界事物的"显著性"与句中名词的"有标性"」,《当代语言学》第4期。

荒川清秀 2000「雑方向補語における"来""去"の機能」,日本中国語学会研究発表。

今井敬子 1991「『紅楼夢』の'来''去'——物語りの文章における視点表現」,《信州大学教養部紀要》25。

柯里思 刘淑学 2001「河北冀州方言"拿不了走"一类格式」,《中国语文》第5期

孔令达 王祥荣 2002「儿童语言中方位词的习得及相关问题」,《中国语文》第2期.

李临定 1984「究竟哪个"补"哪个?」,《汉语学习》第2期.

李如龙 张双庆(主编)1997 《动词谓语句——中国东南部方言比较之三》,暨南大学出版社.

刘月华 1980「关于趋向补语"来"、"去"的几个问题」,《语言教学与研究》第3期.

刘月华 1998《趋向补语通释》,北京:北京语言文化大学出版社.

盧 濤 2000《中国語動詞における「空間動詞」文法化研究》,白帝社.

陆俭明 2002「动词后趋向补语和宾语的位置问题」,《世界汉语教学》第1期.

马希文 1987「与动结式动词有关的某些句式」,《中国语文》第6期.

齐沪扬 1995「空间位移中主观参照"来/去"的语用含义」,汉语语言学现代化学术研讨会发表.

青木三郎 竹沢幸一(編)2000 《空間表現と文法》,くろしお出版.

杉村博文 1995「"掏出来"≠取り出してくる」,《中国語学習Q&A》大修館書店.

杉村博文 2000「"走进来"について」,《荒屋勸教授古希記念中国語論集》白帝社.

王占华 1997「关于话语理解中的定位问题」,《中国语学》第244期.

相原茂 1995「"他死了过去"≠彼ハ死ンデシマッタ」,《中国語学習Q&A》大修館書店.

薛凤生 1994「"把"字句和"被"字句的结构意义——真的表示"处置"和"被动"?」(沈家煊译),《功能主义和汉语语法》,北京语言学院出版社.

第 4 章

语义蕴涵的汉日比较

1. 汉日语的适量准则
2. 动词结果蕴涵的汉日比较

第4章−1

汉日语的适量准则
中日両語における適量準則

要旨 本章は H・P・Grice1967 によって提出された「協力原則(cooperative principle)」の重要な内容の一つ、「適量準則 maxim of quantity)」に基づいて、両言語対照の視点から現代中国語におけるこの準則を実現させる具体的な形式をまとめた。また、この問題をめぐって中日両語における相異について、「名詞に数概念を含意する」という説を提起し、日本語の名詞は「有数名詞」で、中国語の名詞は「無数名詞」であり、それぞれのデフォルト値が異なっているという論点で解釈してみた。さらにこの相異による誤りを避けるために、日本語母語の学習者に対する教育の対策を提案した。

0. 問題提起

言うまでもなく、母語話者にとっては当たり前のことと言えても、第二言語教育の中では難点となる言語現象はたくさんある。またこれらの難点は従来の語学研究のカテゴリーで解釈できるものと解釈しにくいものとが、それぞれにある。前者の例としてはこれまで日中両語における音声、語彙、文法諸方面の相異についての指摘が挙げられている。例えば、子音の有気音と無気音、同形語の意味合いのニュアンス、助動詞や目的語の位置の違いなどである。後者については、前者のように「言語のどの範疇における相異か、何故こうなっているか」のような、はっきりとした判断はしにくいが、しかしながら、これこそ第二言語教育にとって「真の難点」と言える。日中両語における語用論面の相異はこういうような難点である。例えば、レストランでの「何を召し上がりますか」に対して、中国語では"您吃点儿什么"と言う。敬語が乏しいので、「召し上がる」を"吃"で対応するしかできないという語彙面の解釈があり得るが、「何故数量成分"点儿"まで使わなければ、中国語らしくないか」についてはなかなか納得できる解釈が見られない。本稿では Grice1967 で提出された「適量準則(maxim of quantity)」の観点から、日本語と比較する際によく見られる中国語の若

干数量に関する語用論的傾向をまとめ、さらにその成因を解析してみたい。

1. 数量成分の非計数使用

1.1 日本語と比較すれば、中国語には大量の数量成分の非計数使用という特徴が見られる。大河内康憲 1985 は、中国人の用いている日本語によく必要のない「一つ」が現れ、逆に日本人の学生が日本語を中国語に訳すにあたって、めったに"一个"を使用しないという現象を指摘した。例えば、

(1)a. 很久很久以前，在地方，住着老爷爷和老奶奶。（大河内康憲 1985 より引用。番号、ｂと日訳は筆者による。例２も同。）
 b. 很久很久以前，在一个地方，住着一位老爷爷和老奶奶。
  （昔々大昔、あるところに、おじいさんとおばあさんが住んでいた。）
(2)a. 那东西圆乎乎的，有西瓜那么大，白里透绿，绿里泛红。
 b. 那个东西圆乎乎的，有西瓜那么大，白里透绿，绿里泛红。
  （あのものはまるまるとして、西瓜のような大きさで、色は白に緑を帯びていて、緑に赤がさした。）

現代中国語で、(1)ｂの１番目の数量成分、即ち"一个地方"の"一个"はすでに欠かせない文法・語義要素になっているが、しかし、２番目の数量成分、"一位老爷爷和老奶奶"の"一位"は文法上で必須のものではなく、語義面から見ても必ず使用しなければならない理由がないにもかかわらず、自然な中国語表現としてはやはり必要となり、さらに"老奶奶"の前に、もう一つの"一位"を加え、"一位老爷爷和一位老奶奶"と言ってもおかしくない。この点は日本語と異なっており、「一人のおじいさんと一人のおばあさんが住んでいた」という日本語表現の不自然さは改めて言うまでもない。どうやら、語彙レベルでは、"老爷爷"＝「おじいさん」、"老奶奶"＝「おばあさん」というこれまでの中日・日中辞典の解釈が成立すると認められても、語用論のレベルでは、両者は等価値ではないようである。換言すれば、語用論から見れば、むしろ、"一位老爷爷"＝「おじいさん」、"一位老奶奶"＝「おばあさん」と言った方が言語事実に相応しいであろう。

仮に"一位"がなく、(1)ａのように"〜住着老爷爷和老奶奶"とあると、複数の「おじいさんとおばあさん」と理解してしまうという恐れがある。と言っても、(2) ｂ の

数量成分"个"（数詞"一"と量詞"个"との略と認められる）は完全な語用論的な成分であるとしか言えない。この"个"はあってもなくても、文の文法構造と意味理解には全然影響がないからである。

1.2 前述で分かったように、(1)b の"一位"と(2)b の"个"のような数量成分は数量を計算するのに使用されるものではない。さてこのような成分の性格と機能について、どう認識すればよいのだろうか。

　H・P・Grice1967 は、有名な「協力原則(cooperative principle)」を提出した。この原則には多くの内容が含まれており、その中で最も重要なのは「適量準則」だと筆者は思う。沈家煊 2004 は適量準則の「適量」について「足量」と「不過量」、即ち、「伝える情報の量は十分でなければならないし、過剰であってはならない」という理解を示した。コーパスで調べた結果から分析するところ、現代中国語について言えば、「不過量」よりも、「足量」のほうを重視している傾向が強いことが分かった。たとえば、明らかに単数の人、事物を表す名詞の前にも数量成分を置き、複数のようなありえない推測を排除し、文意を理解する時間を短縮することにより、「協力原則」を守るなどの「配慮」は日本語より圧倒的に多いと思われる。本論では先行研究を踏まえ、(1)b の"一位"と(2)b の"个"のような数量成分を「示量成分」（量を示す成分）と呼ぶことにし、中国語の「足量」表現を中心として考察していきたい。

　現代中国語の「示量成分」としては主に次のような3種類が挙げられる。

1.3 (数十量)十単数 NP

　数量フレーズが単数を表す名詞性成分の前に置かれ、"一＋量＋単数名詞"構造になる。例えば、

　(3)私は自転車を持っている。

　通常な文脈で考えると、文中の「自転車」は複数のものを表す可能性はまずない。中国語の文章として、数量成分のない文"我有自行车"も非文ではないが、しかし、(3)の対訳として、(4)のほうがもっと自然である。

　(4)我有一台自行车。(3、4 とも相原茂 1997 より引用)

この"一台"は本論で言う「示量成分」であるとしか言えない。次の例もそれである。

(5) a：何を飲みますか。　b：コーヒーを下さい。
　　a：喝<u>点儿</u>什么？　b：给我<u>一杯</u>咖啡吧。

"点儿"と"一杯"も「示量成分」である。また、

(6) 彼はコーヒーが嫌いなのに、よくあの喫茶店に行くのは、あそこのウエイトレスを好きになったせいらしいよ。
　　他不喜喝咖啡，却总去那家咖啡厅，听说是因为喜欢上了那儿的<u>一个</u>服务员。

「彼はあの喫茶店のすべてのウエイトレス、或いは複数のウエイトレスを好きになった」という可能性は極めて低いにもかかわらず、中国語では依然として"一个"を使用している。また"他不喜喝咖啡，却总去那家咖啡厅，听说是因为喜欢上了那儿的服务员"という文は文法・語義上にも問題がないので、日本語の母語話者に対しては、ここの"一个"を「示量成分」で解釈しなければ、分かり難い。

中国語と異なって、日本語のＮＰの前に「一＋量」を加えると往々にして新しい意味が生じる。例えば、

(7) もし彼らの企業への転入に同意するのならば、すぐに家、パソコンを支給し、更に永住権、子供が無料で大学進学できる資格を与えると、史来賀さんが承諾したそうだ[1]。

もし、この文を「一つの家、一台のパソコン、一つの永住権、一人の子供が無料で大学進学できる資格」にすれば、明らかに「一つしかない」というニュアンスが強くなるに違いない。しかし、中国語ではそうでもなく"一＋量"があってもなくても、基本的に意味は変わらない。例(8)aと例(8)bを比較してみよう。

(8) a. 据说史来贺答应了，如果同意调入他们的企业工作，马上拨给房子、计算机、外加永久居住权和孩子免费上大学的资格。

(8) b. 据说史来贺答应了，如果同意调入他们的企业工作，马上拨给<u>一幢</u>房子、<u>一台</u>计算机、外加<u>一个</u>永久居住权和<u>一个</u>孩子免费上大学的资格。

形式上から見れば、例(8)bは日本語の例(7)に相当しているようだが、厳密に意味要素と語用論要素を照らし合わせると例(8)aこそ例(7)に相当していることが分かる。前述と重複になるが、この例から見ても、中国語の"一＋量＋N'"はイコール日本

語の「N」である。

口語では、このような「示量成分」は数詞"一"を省略した形でもよく見られる。例えば、

(9) 先生、明日は大学にお見えになりますか。ちょっとご相談したいことがありますが。

　a. 老师，明天您来学校吗?我想跟您商量件事儿。

(10) 昨晩彼に電話をした。

　a. 昨天晚上给他打了个电话。

(11) 暑いなあ。どこかでビールでも飲まないか。

　a. 真热呀。找个地方喝杯啤酒怎么样?

(12) 来月の給料をもらったら、パソコンを買いたい。

　a. 下个月发了工资，我想买台电脑。

日本語では、このような「示量成分」を使わないので、日本語母語の学習者（上級レベルの学習者も含む）は例(9)a〜例(12)aを例(9)b〜例(12)bのように用いる傾向がよく見られる。

(9) b. 老师，明天您来学校吗? 我想跟您商量事儿。

(10) b. 昨天晚上我给他打了电话。

(11) b. 真热呀。找地方喝啤酒怎么样？

(12) b. 下月发了工资，我想买电脑。

上記の文は文法上、何の問題もなく、基本的な情報伝達にも影響がない。しかしながら、語用論の基準で判断すれば、自然な中国語表現とは言えず、あくまでも学習者の母語に近い中間言語(interlanguage)としか言えない。

1.4 (指＋数／量)＋単 NP

単数を表す名詞性成分の前の「示量成分」は、"一＋量"以外に、"指示代名詞＋数詞/量詞"（以下は"指＋量"に略す）という形式もあり、"这/那一＋/量＋NP"の構造になっている。"一＋量"と同様に、"这/那＋一/量"もNPの唯一性を確定し、同種類の他の人・事物への推測を排除する機能があり、これにより文意を理解する時間

189

を短縮し、「協力原則」を実現させることになる。例えば、

(13)課長になるために、彼はずいぶん頭を使った。

一般論としては「課長」のような名詞は類概念を表すものとして認められても、具体的な文脈の中に、この種類の人、或いは事物のある特定なメンバーしか表すことできない。だから、例(13)は日本語としては自然な表現であり、「課長」の前に何も加える必要はない。しかし、これに相当する中国語には"指＋量"という「示量成分」があった方がよい。

(14)为了当上这个科长，他用了不少心思。

上記の文を下記の文と比較すれば、さらに中日両語におけるこのような異なる語用論的傾向が分かる。

(15)他上了那家房地产公司的圈套，分期付款买了一幢有缺陷的房子。

　　彼は不動産会社の罠に引っかかって、ローンで欠陥住宅を買ってしまった。

中国語の"那家"は"指＋量"「示量成分」で、"一幢"は 1.3 の"数量"「示量成分」であり、両方とも日本語と異なってくる。もし、日本語にも「不動産会社」の前に「あの」を加え、「欠陥住宅」の前に「1棟」を加えれば、逆に不自然な文になるであろう。類概念を表すNの前に連体修飾語のある時でも、中国語も二重修飾語を重ねるように"指＋量"「示量成分」を加える。例えば、

(16)听了这个不畏残疾的孩子努力奋斗的事迹，大家都感动了。

　　(この)障害に負けず一生懸命努力している子供の話を聞いて、みんな感動
　　した。

(17)警察的这一拳，好像打中了流氓的要害，流氓软软地倒了下去。

　　警察の(この)一撃は泥棒の急所に当たったようで、泥棒はヘナヘナと倒れ
　　てしまった。

(18)这个叫神本灵子的人，打着驱邪的幌子，到处骗钱。

　　(この)神本霊子という人は悪霊払いを看板にして、あちこちでお金を騙し取っ
　　た。

ここまでは、「示量成分」の非計量性を説明するために、主に単数を表すＮＰの用例を選んだ。実は問題の本質は"数＋量"でも、"指＋量"でも基本的に「協力原則」を実現させる語用論的標識にあり、後ろのＮＰが単数か複数かとは無関係である。従

って、複数を表すＮＰの前にも類似の示量成分が現れる。次の例はそれである。

(19) 売春婦達は辛い目に遭っていながらも、接客の時は愛想笑いをしなければいけない。

<u>这些</u>妓女们心里装满了苦水，可接客时还得强作笑脸。

1.5 （数＋量）＋唯ＮＰ

"唯ＮＰ"は世界上唯一の人・事物を表す名詞性成分であり、普通には中国語でも、日本語でもこのようなＮＰの前に数量或いは指量成分を加える必要がない。もし、無理に加えると、超現実的で特殊な意味が生じる。例えば、

(20) <u>太阳</u>出来了，飞机下面的<u>华北平原</u>洒满金色的光辉，<u>杜修贤</u>看到这样的景色，不由自主地拿起了照相机。

(21) <u>東京都知事</u>の発言は多くの大手銀行の不満を買った。

例(20)の"太阳、华北平原、杜修贤"、例(21)の「東京都知事」は全部「唯ＮＰ」構造である。もしこれらのＮＰの前に"一个、这个"を加えれば、次のようになる。

(22) <u>一个/这个</u>太阳出来了，飞机下面的<u>一个/这个</u>华北平原洒满金色的光辉，<u>一个/这个</u>杜修贤看到这样的景色，不由自主地拿起了照相机。

(23) <u>一人の</u>東京都知事の発言は多くの大手銀行の不満を買った。

上記のようにすれば、童話や神話か或いは非現実的なフイクションの一節になったようである。しかしながら、中国語ではそうとは限らない。一部の特定な構造の中では「唯ＮＰ」の前にも"数＋量"成分が現れる。このような"数＋量"も「示量成分」である。次の例をみよう。

(24) 挽救这些民歌的，是<u>一个</u>叫王洛宾的音乐家，人称西部歌王。

これらの民謡を救ったのは、王洛賓という音楽家だ。人々は彼のことを「西部歌王」と呼んでいる。

(25) 这是中朝边界<u>一座</u>有争议的山，中国叫长白山，朝鲜叫白头山。

これは中朝国境の係争中の山で、中国では長白山、朝鮮では白頭山と呼んでいる。

(26) 老两口有<u>一个</u>独生女，今年十八了。

老夫婦には一人っ子の娘がいる。今年は18歳だ。
(27) 东方红，太阳升，中国出了<u>个</u>毛泽东。

東の空がしらみ、太陽がさし昇る。中国に毛沢東という人が現われている。
(28) 盛碗里<u>条</u>鱼。

お碗に魚を盛る。

言うまでもなく、例(24)は"一个"を加えることにより、二人の"王洛賓"という意味が生じた訳でもなく、同様に例(25)の"一座"も多くの長白山(白頭山)があるという意味をもたらしてはいない。この二つの"一＋量"も「示量成分」とするしか解釈できない。

例(26)～例(28)の数量成分は文法上、欠かせないので、これまでの研究においては殆ど文法の角度から「規則をまとめる」という方法で処理されており、まだ説得力のある解釈がなされていない。何故、例(26)は"老两口有独生女，今年十八了"とは言えず、例(27)は"东方红，太阳升，中国出了毛泽东"と言えないかに関して、朱徳熙1982、劉月華・他2001 などは存現文においては不特定な目的語が要求されるという考えを提出した。例(28)に関して、陸険明1988 は二重目的語文における間接目的語が人或いはものの移動する終点であれば、直接目的語の前に数量成分が必要となるので、"盛碗里鱼"とは言えない、と指摘した。

しかし厳密に言えば、これらの研究はまだ言語現象を叙述しているに過ぎず、「そのわけは何か」を明らかにしたものではない。古川裕2001 は認知の角度からこれについて解釈し、中国語は"数＋＋量N"の形で突出した顕著な事物を表す傾向にあると指摘した。

本論は「今日の語用論的傾向は、明日の文法規則である」という立場を取り、例(26)～例(28)の"数＋量"は「示量成分」から文法化された文法成分で、今現在でも構文上の機能と語用論的な足量機能が同時に働いていると考えている。すでに第二言語教育の経験に証明されたように、こういう解釈をして初めて、非母語学習者の理解を得ることができるのである。

2. 借用量詞の大量使用

2.1 日中両語おいて、一部の容器を表す名詞が量詞としても使える。例えば、"三瓶

啤酒（ビール３瓶）"の"瓶"、"一杯咖啡（コーヒー１杯）"の"杯"などはそれである。しかし、中国語では量詞として使用される借用量詞の範囲は日本語よりずっと広い。これも中国語の「示量成分」の一つとして考えられる。

前節の論述でも示唆されたように、そもそも中国語の母語話者の言語心理には、協力原則を実現するために何よりも正確に情報を伝達することという思いがあって、最も正確に情報を伝達するためには、情報を数量化するに過ぎるものはなしという考えが相当根強くあるのであろう。すべての情報を表す語には全部特定な量詞があるわけではないので、この言語心理を満足させるため、大量に借用量詞を使用することになったわけである。中国語における日本語と異なる借用量詞は主に以下の２種類がある。

2.2　人或いはものを収容・積載する空間・平面を表す名詞

例えば、

(29) 听说刘老根回来了，大家都来看，站了一院子的人。

　　　劉老根が帰ってきたと聞いて、みんな会いにやってきて、庭いっぱいに人が立っていた。

(30) 就是再穷，结婚也得做两身新衣服。

　　　いくら貧しいと言っても、結婚する際には服を２着ぐらい作らなければならないだろう。

(31) 除夕晚上，妈妈做了一桌子菜。

　　　大晦日の晩、母はテーブルいっぱいのご馳走を作ってくれた。

(32) 吴主任今天是怎么了？　一脸不高兴。

　　　呉主任は今日はどうしたの。不愉快だと顔中に書いてあるよ。

(33) 为了彩礼的事儿，老太太生了一肚子气。

　　　結納品のことで、おばあさんははらわたが煮えくりかえっているよ。

日中の対訳で分かるように、二次元の平面を表す名詞が量詞に借用される際の"一十借用量詞"は大体、日本語の「いっぱい」に相当している。日本語の表現にも具体的な量のイメージはあるが、但し、日本語の母語話者は中国語の借用量詞の範囲については判断しにくく感じる。三次元の空間或いは抽象的な空間を表す名詞を借用した

"一十借用量詞"に対して、日本語では数量表現で対応できなくなる。従って、このような借用量詞は、中国語の特有な語用論的標識とも言えるし、第二言語教育の難点とも言える。

2.3 身体の一部と動作の道具を表す名詞

この2種類の名詞はよく動量詞に借用される。例えば、

(34) a. 范伟雄对着球门踢了两<u>脚</u>。

　　　範偉雄はゴールに向かって二回蹴った。

(35) a. 她临出门时好像说了一<u>嘴</u>："明天回来"。

　　　彼女は出かける時に「明日帰る」と言ったようだ。

(36) a. 牛金星骑上马，抽了一<u>鞭子</u>逃走了。

　　　牛金星は馬に乗り、馬に鞭打ち逃げていった。

(37) a. 李师傅恨不得打他一大勺。

　　　李さんはがまんならずに中華鍋で彼を殴りたがっている。

単なる文法・意味の角度から考えると、例(34)a～例(37)a を例(34)b～例(37)b のような量詞を使用しない文にすることも可能である。

(34) b. 范伟雄对着球门踢了两下。

(35) b. 她临出门时好像说："明天回来"。

(36) b. 牛金星骑上马，抽了一下逃走了。

(37) b. 李师傅恨不得用大勺打他。

勿論、"踢(蹴る)"という動作をしたのは"脚(足)"で、"说(言う)"という動作をしたのは"嘴(口)"であり、また"抽(鞭打つ)"と言えば、その道具は鞭である。だから、文意を理解するには、例(34)b～例(36)b の 言い方でも理解しにくいとは言えないが、最大限に相手の理解負担を減軽するため、例(34)a～例(36)aのような借用量詞を用いる表現がよく選択される。例(37)bと例(37)aは変わらないようだが、直接、道具を動量詞にした例(37)a は道具を連用修飾語にした例(37)b と比較すると、よりイメージが鮮明になる。

中国語が量詞の発達した言語になったのは、こうした語用論的傾向に関係がないわけではないであろう。

3. 人称代名詞の多用

3.1 日本語と比較すれば、中国語において人称代名詞の使用される頻度は非常に高い。王・他 2004 では情報の旧から新への配列順序でこの現象を解釈したが、いま、再度検討すれば、これも表面的な解釈としか言えないことが分かった。なぜなら、中国語では何故人称代名詞を用い旧から新への配列順序を採用するかの原因が明らかにされていないからである。本論では根本的な原因はやはり語用論的な原因にあると考える。即ち、このような表現も「示量成分」の一種と認識することができる。ここで同一文脈に日本語では人称代名詞を使わず、中国語では使う用例を重点的に分析していきたい。

3.2 電話を掛ける場合は自分を名乗る時或いは相手を確認する時、日本語では「山下です」「坂本さんのお宅でございますか」のように無主語文を使うのに対して、中国語では必ず人称代名詞を用い、"我是山下"、"您是坂本家吗"のように主述文を使う。電話口で日本語のように"是山下"、"是坂本家吗"と言っても、誤解される比率は極めて低いが、"我是山下"、"您是坂本家吗"と比べるとやはり「量不足」であるので、「示量成分」の人称代名詞を入れることによって、誤解の可能性をゼロにすることになる。

3.3 中国語の呼称を表す名詞の中で、親族呼称は突出的に発達している。これは古代中国社会と家庭構造に関係があったことは言うまでもないが、語用論における原因もあると思われる。ここで強調したいのは、日常会話という環境は話し手と聞き手の直接な対話だから、書き言葉より省略しやすい。また省略できる量も書き言葉より多くなる。しかし、大抵は省略が可能な場合でも、中国語では依然として呼称の前に（日本語の語感から見て必要のない）人称代名詞の連体修飾語を加える。この点は日本語と断然異なっている。例えば、

(38) 小力，你不写作业，光看电视，你爸爸回来非说你不可。
 a. 力君、テレビばかり見て、だめよ。早く宿題をしないとお父さんが帰ったら怒

るよ。
　？b. 力君、テレビばかり見て、だめよ。早く宿題をしないと君のお父さんが帰った
　　　ら怒るよ。
(39) 我最爱吃我妈做的盒饭。
　　a. 僕の一番好きなのは母さんのお弁当です。
　？b. 僕の一番好きなのは僕の母さんのお弁当です。
(40) 女儿："妈，刚才我哥来电话了没有？"
　　　母亲："没有。刚才倒是来个电话，可不是你哥，是你姐。"
　　a. 娘：「母さん、先ほど兄さんから電話があった？」
　　　母：「いいえ。電話はあったけど、兄さんじゃなくて、姉さんだった。」
　？b. 娘：「母さん、先ほど私の兄さんから電話があった？」
　　　母：「いいえ。電話があったけど、おまえの兄さんじゃなくて、おまえの姉
　　　さんだった。」
　言わずとも自明であるが、各例の日本語のb文を使うと、どちらにも特殊な意味合いが生じる。例えば、違う血縁関係を強調したり、比較を行ったりするなどの文になり、中国語の原文と異なってしまう。逆に、中国語の各例に人称代名詞がなくても理解に影響は及ぼさないが、「示量成分」として、人称代名詞を使った方が普通である。

4.「足量」を重視する傾向の成因及び教育における注意点

　4.1 前述で明らかになったように、少なくとも本論に論述した範囲の中で中国語は日本語より表現の「足量度」を重視すると言える。これについて、分析せずただ漠然と「中国語は日本語より丁寧」のように説明するだけでは、言語事実に相応しくないばかりでなく、言語理論の研究と第二言語としての中国語教育にも役に立たない。本論文では、この語用論的現象は孤立した存在ではなく、文法、語義にも関連性があると解釈する。

　4.2 前の1.1で"一位老爷爷"＝「おじいさん」、"一位老奶奶"＝「おばあさん」というふうに主張したが、その理由をはっきり言わなかった。筆者は同じ名詞と言っても、日本語の名詞は「有数名詞」で、中国語の名詞は「無数名詞」であると考えて

いる。言い換えれば、裸名詞のまま文に使われると、日本語の名詞自身に「一つ」という数概念が入っているのに対して、現代中国語の名詞には単なる名称だけで、数概念が入っていないということである。勿論、数概念のない中国語の名詞でも、文脈に依存して、単数を表すことができるが、やはり曖昧な面が残るので、語用論上では望ましくない。だから、"(数+量)+単数 NP"、"(指+数／量)+単 NP"、"(数+量)+唯 NP" などの形式及び借用量詞、人称代名詞を大量に採用した。

4.3 この問題について、中日両語名詞のデフォルト値推理(reasoning by default)の違いという視点から解釈できる。デフォルト値推理とは、認知上で特別な断りがなければ、いつもある命題の成立を認めるという推理法である。例えば、ダチョウかペンギンであるという説明のない限り、鳥と言えば、人々は先ず飛ぶことができるという命題を認めるということである(袁毓林 1998 参照)。名詞における「有数」と「無数」の差異により、日本語母語者が日本語の名詞を聞くと、先ず単数の意味含意(=日本語名詞のデフォルト値)を認め、それから文脈による他の可能性を分析し始める。しかしながら、中国語の母語話者は中国語の名詞を聞いても、数の意味含意に対する判断が付かず、換言すれば、中国語名詞のデフォルト値はイコール数の意味含意がないので、文意理解は完全に文脈依存になる。この状態を避けるため、中国語では数量など「示量成分」を使用しなければならないことになっている。コミュニケーションのレベルから考えれば、相手に数概念が曖昧な、主に文脈依存の情報を伝達するのは協力原則を守ったとは言えないので、「示量成分」のある文はそれのない文より丁寧に受け止められる。冒頭の「問題提起」で挙げた「何を召し上がりますか」を、中国語で"您吃什么"と言わず、数量成分"点儿"を入れ、"您吃点儿什么"と言った理由もここにあると言えよう。

4.4 日中両語名詞のこのような相異が理解できなければ、また母語に対する語感で対象語(=習っている外国語)を使用すると、当たり前のことながら、1.3 で言及した「中間言語」表現は絶えず大量に出るわけである。従って、「示量成分」の使用は第二言語教育を実施する際に特別に注意しなければならない内容の一つになり。この表

現の誤りやすい原因はもう一つある。それはすべての"数＋量"構造は全部「示量成分」ではなく、実在の数量を計算するものもあるからである。従って、一部の"一＋量"や"指＋数／量"は誤解や誤訳を引き起こしやすい。例えば、

(41) 我也想买<u>一张</u>彩票, 碰碰运气。

文中の"一张"は実質的な数量を表す「一枚」であり、「示量成分」ではない。よって、下のaではなく、bのように理解しなければならない。

 a. 私も宝くじを買って、運試ししよう。

 b. 私も一枚の宝くじを買って、運試ししよう。

(42) B国政府的<u>这一</u>做法, 极大地伤害了我国人民的感情。

文中の"这一"は「示量成分」のように見えるが、限定を表す連体修飾語であり、「このやり方で」、「他のやり方ではない」というニュアンスを持っている。従って、aではなく、bのように理解しなければならない。

 a. B国のやり方は、我が国の国民の感情をひどく傷つけた。

 b. B国のこのやり方は、我が国の国民の感情をひどく傷つけた。

日本語の表現としてaはbより自然かも知れないが、しかし、bこそ(42)の原文に相応しい。また日本語の文章にも計量の数量成分とそうでないものがあり、これらを中国語にする場合に誤りやすい。例えば、

(43) 彼はついに<u>一つ</u>の方法を思い付いた。

(44) <u>一人</u>の人間がどんなに聡明だとしても限りのあるものだ。

例(43)の「一つ」は単純な計量で、例(44)の「一人」は少量を強調するものである。この二文を中国語にすれば、"他终于想出了<u>一个</u>办法"、"<u>一个</u>人再聪明，也是有限的"になり、二つの"一个"はともに「示量成分」ではない。

本論では教育現場で、「２対照法」で「示量成分」であるかどうか、「示量成分」を使った方がいいかどうかを判断するよう提案したい。具体的に説明すれば、まず文中のＮＰの前に２か２以上の数を加えうる可能性があるか否かを判断し、可能性があれば、数量は計量用のもので、可能性がなければ、数量は「示量成分」である。前述の例(1)をもう一回見てみよう。

(1) 很久很久以前，在一个地方，住着一位老爷爷和老奶奶。

 昔々大昔、あるところに、おじいさんとおばあさんが住んでいた。

"地方"（ところ）、"老爷爷"（おじいさん）、"老奶奶"（おばあさん）三つの Ｎとも「２」を加えようもない。だから、"一个"と"一位"は「示量成分」で、日文を中国語訳する場合も加えられる。

　言うまでもなく、文中のすべての名詞の前に全部「示量成分」を加えるかどうかの問題があるわけではない。例えば、同じ「電話」という名詞でも、下の a 文には必要、b、c 文には必要がない。

　a. 暇なら、李さんに電話して。
　　有时间你给老李打个电话
　　#有时间你给老李打电话。（「#」は語用論的不適格文を示す。）
　b. 変更あるいはキャンセルの時電話で連絡してください。
　　有变动或者取消时请打电话联系。
　　? 有变动或者取消时请打个电话联系。
　c. ぼうや、電話を掛けることができるの？
　　小家伙，会打电话吗？
　　*小家伙，会打个电话吗？

ａの"打电话"は述語に使用され、ＶＯ構造の「本命」の用法と言ってもいい。ｂの"打电话"は連用修飾語になり、メイン動詞の方式を表し、「本命」でなくても、ＶＯ構造の用言性はまだ残っている。ｃの"打电话"は目的語にされ、動作よりもコトを表すものになり、フレーズ全体の働きは一名詞に近くなっている。

　ＮＰは統合的関係(systematic relation)と系列的関係(paradigmatic relation)のどの位置に置かれた場合に「示量成分」が必要であり、反対にどの位置では必要がないのか、これはかなり複雑な問題であり、語彙含意をはじめ、いろんな角度からさらに研究を深める必要があると思われる。

参考文献

相原茂 1997 『謎解き中国語文法』　講談社。

王占華・一木達彦・苞山武義 2008『中国語学概論』(改訂版)　駿河台出版社。

大河内康憲 1985「量詞の個体化機能」　『中国語学』232。

袁毓林　1998　『语言的认知研究和计算分析』北京大学出版社。

何兆熊　1989　『语用学概论』上海外语教育出版社。

朱德熙　1982　『语法讲义』商务印书馆。

沈家煊　2004　「语用原则、语用推理和语义演变」『语教学与研究』第4期。

程雨民　1983　「格赖斯的"会话含义"与有关的讨论」『国外语言学』第1期。

中川正之 1997「類型論からみた中国語・日本語．英語」《日本語と中国語の対照研究
　　　　　　　論文集》くろしお出版。

古川裕　2001「外界事物的"显著性"与句中名词的"有标性"——"出现、存在、
　　　　　　　消失"与"有界、无界"」『当代语言学』第3期。

陆俭明　1988「现代汉语中数量词的作用」『语法研究和探索』(四)北京大学出版社。

刘月华　潘文娱　故玮　2001　『实用现代汉语语法』(增订本)商务印书馆。

H. P. Grice　1967　Logic and Conversation. P. Cole and J. Morgan (eds.) (1975)
　　　　　　　Syntax and Semantics 3. Speech Acts. New York: Academic Press.

注　本章は拙論「中日対照の視点からみる中国語における適量準則及びその解釈」(載『日中対照言語学研究論文集－中国語からみた日本語の特徴、日本語からみた中国語の特徴－』彭飛　企画・編　和泉書院、2007年3月)による改稿で、また一部の例文は共著『中国語学概論』(改訂版)より引用。

第4章-2

动词结果蕴涵的汉日比较
動詞における結果含意の中日比較

提要 本章在先行研究的基础上，讨论了汉语动词的结果蕴涵(implication)，对"日语动词蕴涵结果，汉语动词不蕴涵结果"的看法提出了异议。初步结论是:1.所谓"完了结果"，分为"达成性结果"和"累积性结果"两类。2.汉语和日语的自现动词都蕴涵达成性结果，汉语的他现动词有时蕴涵，有时不蕴涵。这一点和日语的他现动词不一样。3.汉语他现动词的上述特点，与汉语动词的语义分化现象有关。

0. 問題の提起

0.1 影山(1996b)では、動詞を中心に英語と日本語を比較した際に、Tai(1984)と宮島(1994)を引用し、「中国語では日本語以上に"開けたけれど開かなかった"式の表現が許されるようである。」たとえば、

(30) a. ?*覚えたが、覚えられなかった。 ［番号は原文。引者注］
     b. *捕まえたが、捕まらなかった。

という日本語がほとんど成り立たないのに比べて、これに対応する中国語は適格であるらしい。同じように、

(31) *張三は李四を殺したが、李四は死ななかった。

日本語の(31)は矛盾するが、それに相当する中国語は成り立つ」と指摘した。中国語にこのような表現が存在する原因について、氏はTai(1984:295)の中で論じられている「中国語は基本的に結果重視の言語であり、表現の視点は変化を被る対象のところに位置している。

        行為(action)←―――変化対象(result)

結果を基本に据えるから、殺した相手が死ぬ場合には"死"という動詞をまず置いて、その前にどうして死んだのか(つまり、人に殺された)を表す"杀"を付ける。このように結果の観点から行為を見つめるから、視線は行為のほ

うに向かい、そのため、単純な他動詞は行為のほうに重点を置くことになって、完了結果までは含意しない」という分析に賛成した。

0.2 影山の考えによると、「覚える」「捕まえる」「殺す」にそれぞれ「(覚えようとする内容が)覚えられる」「(捕まえようとする人などが)捕まえる」「(殺される人などが)死んでしまう」を含意しているから、日本語の(30)(31)は成立できない。これに対して、中国語の"記""抓""殺"にはそういった結果を含意してないので、(30)(31)に相当する中国語はいずれも成立する。

0.3 言うまでもなく、これは非常に価値のある指摘である。もし確かにこのような相違があれば、類型論的な(typological)結論を出せることに繋がるであろう。同じ角度の研究ではないが、これに先立って、内田慶市(1981)は中国語の補語の否定範囲、荒川清秀(1986)は中国語動詞の意味の段階性、宮島達夫(1989)は動詞の意味範囲、中川裕三(1995)は文型と動詞の結果含意との関係、そして彭広陸(2000)は動詞の意味的な分類の角度からこの問題を研究した。本稿はこれらの先行研究を踏まえ、先行研究においてはそれほど詳しく論議されていない次の三点を検討する。

一、「達成性結果」と「累積性結果」

二、「自現動詞」と「他現動詞」

三、中国語の動詞の意味分化

1.「達成性結果」と「累積性結果」

1.1 まず、「*覚えたが、覚えられなかった」「*捕まえたが、捕まらなかった」に相当する中国語の表現はどうなっているのかを見てみたい。一般に、日本語の動詞の「～れる・られる」は中国語の"能～"に相当すると考えられている。しかし、「*覚えたが、覚えられなかった」を次のように訳すれば、文として成立できない。

(1)*記了没能記。

成立できる表現を選べば、次のようになる。

　　(2) 記了没記住。

同様に、「*捕まえたが、捕まらなかった」はペアになっている他、自動詞で構成された文であり、「捕まえる」は"抓"に相当し、「捕まる」は"被抓"に相当している。しかし、(3)のように直訳すると、やはり文としては成立せず、(4)のように表現すべきである。

　　(3)*抓了没被抓。

　　(4) 抓了没抓住。

ここで注目してもらいたいのは、動詞の後ろの補語"～住"である。即ち、「Vたが、V～なかった」に相当する中国語の"V了没V"も成り立たず、"～住"の助けがあってはじめて、(2)と(4)は言えるようになる。筆者が行ったアンケートの回答には、多くの人が(2)と(4)を次のように訳した。

　　(2)′ 覚えようとしたが、しっかり覚えられなかった。(「覚えたが、しっかり覚えられなかった。」「覚えていたが、しっかり覚えられなかった。」「覚えていたが、忘れてしまった。」なども見られた。)

　　(4)′ 捜索したが、捕まらなかった。(「捕まえようとしたが、捕まらなかった。」「捕まえていたが、逃げられた。」もあった。)

これにより、以下の二点が考えられる。その一は、いわゆる「日本語は成り立たないが、中国語は適格である」という判断の基準は同一のものではなく、文の後半は日本語の動詞そのものであるのに対して、中国語の適格文では「動詞＋補語」のようなフレーズであるということである。その二は、中国語の前後の動詞は同じでも、意味の違いがあり得る、ということである。(つまり、"抓了没抓住"の前の"抓"＝「捜索する」、後ろの"抓"＝「捕まえる」。)要するに、この文型について中日両言語で相違が存在する原因は結果含意だけでなく、他にも要因があると思われる。

1.2 「*張三は李四を殺したが、李四は死ななかった」という文をセンテンスの構造に忠実に訳せば、中国語の"张三杀了李四，但李四没死"に当たる。しかし、200万字近くに及ぶ現代文学作品に対する検索ソフトでの調査結果ではこのような文は1例も見つからない。筆者の30人に対するアンケートの回答にも、わずか2、3例の「？」が見られるだけで、他は全部「×」である。他ならぬ筆者もこの中国語の文が言えないという語感を持っている一人である。但し、上述の(2)、(4)のようにすれば、(5)は成立する。

(5)杀了没杀死[1]。

即ち、"〜住"のかわりに、"〜死"という補語を添えれば、文が成り立つ。しかしながら、このことにより、"杀"という動詞を"记""抓"と同類に帰属させるのはまだ早計である。(5)に相当する日本語の「殺したが、死ぬまで殺されなかった」が前文の(2)′のようには言えないからである。

1.3 これまでの分析から明らかなように、「a*覚えたが、覚えられなかった」「b*捕まえたが、捕まらなかった」「*張三は李四を殺したが、李四は死ななかった」などが言えないのと同様に、これらに相当する中国語も成立しない。言い換えれば、中国語の自然な表現としての"记了没记住""抓了没抓住"は、(30)a、bに当たらず、(2)′(4)′に当たる。問題は(5)に相当する日本語がないことである。

1.4 小論では、"杀死、记住、抓住"はみな動作の結果を表すものであるが、同質の結果ではないと認識している。まず"姬棒"から見られたい。"杀"の辞書的な意味を"使人或动物失去生命；弄死"（人間或いは動物の生命を失わせ、死に至らせる。《現代漢語辞典・修訂本》による）と認めれば、"死"という結果が実現したか否かは、即ち"杀死"と"没杀死"では、本質的な相違があると思われる。もし、結果は"杀死"であれば、"杀"という動作が実現したと言えるが、もし、結果が"没杀死"であれば、場合によって、"杀了"とは言えない。例えば、

(6)a.李四:那只公鸡呢？［事实是:那只公鸡刚才被张三杀死了。］

　　　张三:杀了。

　　　(李四:あのおんどりは？「事実は：あのおんどりは先ほど張三に殺された。」

　　　張三：殺した。)

　　b.李四:那只公鸡呢？［事实是:那只公鸡被张三砍了一刀,但是没死。］

　　　张三:*杀了。

　　　(李四:あのおんどりは？「事実は：あのおんどりは先ほど張三に中華庖丁で一回切られたが、死んでいなかった。」張三：*殺した。)

(7)は似たような例である。

(7)a.李四:你的旧汽车呢？［事实是:昨天被别人买走了。］

　　　张三:卖了。

　　　(李四:君の乗っていた車は？「事実は：昨日人が買っていった。」

　　　張三：売った。)

　　b.李四:你的旧汽车呢？［事实是:一直在旧汽车商店陈列着,但没人买。］

　　　张三:*卖了。

　　　(李四:君の乗っていた車は？「事実は：ずっと中古車店に並べられてあるが、買う人がいない。」張三：*売った。)

"杀"と同様に、"卖"も"卖掉"（売ってしまった）か否かによりその動作が実現したかどうかを決める。もし"没卖掉"（売ってしまっていない）であれば、いくら長く売り出されていても、(7)ｂの文脈からは、"卖了"とは言えない。ここで"杀死"、"卖掉"のようなＶが実現したことを示している結果を「達成性結果」と言う。よく見られる達成性結果には、"Ｖ成"（～ができる）、"Ｖ上"（～し始める）などがある。「(覚えたが、)覚えられなかった」と「(捕まえたが、)捕まらなかった」も「達成性結果」

205

だと考えられる。つまり、どちらも動作そのものが実現したか否かを表すものである。

1.5 「達成性結果」に対して、「累積性結果」がある。累積性結果はすでに達成した動作の数量や程度、状態などの増減、変化を表し、達成性結果のさらに上のレベルの結果である。やはり"杀"を例として見れば、10羽の鶏を殺そうとする場合に、すでに5羽を殺した段階で、動作の結果について、"(没)杀完"（殺し終わっていない）によって表すことができる。ここの"杀完"は累積性結果である。"杀完"には若干の"杀死"が含まれて、"杀完"であろうと、"没杀完"であろうと、"杀"の「人間或いは動物の生命を失わせ、死に至らせる」という動作はすでに達成されている。ただ"杀完"は全量達成で、"没杀完"は部分量達成であるという違いがある。このため、累積性結果と「同現(co-occur)」した"V了"の前後によく(8)の"两只"（二羽）、(9)の"一台"のような部分量を表す目的語及び"都"（みな）、"全"（すべて）のような総括を表す副詞が現れる。

(8) 李四:那几只公鸡呢?
　　张三:杀了两只。/都杀了。
　　（李四：何羽かのおんどりは？張三：二羽殺した。/みな殺した。）
(9) 李四:那两台汽车呢?
　　张三:卖了一台。/全卖了。
　　（李四：あの二台の車は？張三：一台売った。/全部売った。）

累積性結果には終結を表す"V完"の他に、全量を表す"V全"（全部〜する）、"V了(liǎo)"（〜しつくす）、"V光"（〜しつくす）、"V净"（〜しつくす）、"V没"（〜しつくす）および程度や状態を表す"V好"（きちんと〜する）、"V会"（〜しできる）、"V进去"（〜して入る/〜しこむ）、"V出来"（〜して出てくる/〜しだす）などがある。

1.6 "记了没记住"の"记住"も累積性結果であり、一旦"记"を始め

ると、"記住"の程度になったかどうかに関係なく、"記"という動作がすでに実現し、"記了"と言える。類似の表現に"吃了没吃飽"(食べたが、お腹一杯になるまでは食べなかった)も挙げられる。"吃"を始めると、たとえ"吃飽"の程度に達していなくても、"吃"という動作がすでに部分量を実現している。それゆえに勿論、"吃了"と言えるのである。

　先行研究では、「しっかり覚えられなかった」"没記住"と「*死ぬまで殺されなかった」"没殺死"を混同して論述された(中川1995では"看完"(読み終わる)も"殺死"も同様の結果として取り上げた)ので、[2]中日両言語の動詞における結果含意が異なっているという結論になった。上述の分類から明らかなように、「しっかり〜」と「〜終わる」のような結果は量の変化を表す累積性結果であり、日本語の動詞にも、中国語の動詞にも結びつく。同様に、「(覚えたが、)覚えられなかった」、「(捕まえたが、)捕まらなかった」のような動作自身の実現を表す達成性結果は、日本語の「覚える、捕まえる」にも、中国語の"記、抓"にも結びつかない。こういう点から見れば、むしろ両言語の動詞における結果含意には相違がないと言った方がいいようである。「覚えた」"記"に「覚えられる」"能記"が含意されているので、「覚えたが、覚えられなかった」は自己矛盾になっているので、この表現は不可能である。しかし、「死ぬまで殺されなかった」(没殺死)も達成性結果であるが、日本語の「殺した」とは「同現」できず、中国語の"殺了"とは「同現」できる。これを解釈すると「覚える」・"記"類動詞と「殺す」・"殺"類動詞との違いおよび日本語の「殺す」と中国語の"殺"の違いを分析しなければならない。

2. 自現動詞と他現動詞

2.1 彭広陸(2000)は"殺"と同じ種類の動詞と認められる"買了三年没買到"の"買"の意味的な特徴と用法を説明した際に、ヤーホントフ(1958)の限界動詞と無限界動詞、馬慶株(1981)の連続性動詞と非連続性動詞、郭鋭(1993、1997)の静態動詞と動態動詞、沈家煊(1995)の有界動詞と無界動

詞、郭雲輝(1998)の限界動詞と無限界動詞、また奥田靖雄(1994)の日本語の動詞における限界動詞と無限界動詞を利用し、綿密に分析した上で、次のように結論を述べている。

　「"买"は基本的に限界動詞(限界性を持つ動作動詞)ではあるが、時として無限界動詞の用法も見られる。」

　本稿の参考になりうる分類とも言えるが、しかし、理想的な分類には、「互斥性」(互いに排斥しあうという性質)が欠かせないという一般原則がある。即ち、A類に属しているメンバーは、絶対にAと対立しているB類に属してはいけない。両方とも兼ねている現象は、「限界動詞」と「無限界動詞」の分類では、この問題を解釈しきれないことを物語っているとは言わざるを得ないのではなかろうか。しかしながら、動詞の意味的な特徴の違いに基づいてその用法の相違を説明するという点においては、小論も立場を同じくしている。

　2.2　以下では、彭広陸(2000)を踏まえ、動詞を「自現動詞」と「他現動詞」に分類して、「覚える」・"記"類動詞と「殺す」・"杀"類動詞との相違および日本語の「殺す」と中国語の"杀"の相違を説明してみたい。「自現」は「自己体現」という意味で、動作主(agent)が自分自身の動きで実現できる動作を表す動詞を「自現動詞」という。日本語の「覚える」も、中国語の"記"も「自現動詞」であり、「覚えられる物」"被記内容"の変化、状態などに関係なく、「覚える主体」の動きだけあれば実現できる。「他現」は「他者体現」という意味で、動作主自身の動きだけでなく、動作の対象(recipient)の変化(性質、数量、状態、位置などの変化)が生じてからはじめて実現できる動作を指している。中国語の"杀"と前の"买"は、このような動作を表す動詞である。"杀"を例として言えば、動作主がいくら"杀"の動作をしても、"被杀者"の"死"という変化が生じない限り、"杀"という動作が実現したとは言えない。

　よく見られる「自現動詞」には"看"(見る)、"听"(聞く)、"说"(話す)、

"闻"（嗅ぐ）、"吹"（吹く）、"点"（火を付ける）、"找"（捜す）、"写"（書く）、"喊"（呼ぶ）、"选"（選ぶ）、"洗"（洗う）、"砸"（突く、当てる、たたく）、"拧"（ひねる、ねじる）、"蒸"（蒸す）、"煮"（煮る）、"追"（追う）などがある。

よく見られる「他現動詞」には、"卖"（売る）、"借"（貸す）、"租"（レンタルする）、"搬家"（引っ越す）、"安装"（取り付ける）、"关"（閉める）、"开"（開ける）、"穿"（着る）、"脱"（脱ぐ）、"戴"（かぶる）、"摘"（摘む）、"拆"（解体する）、"剥"（剥く）、"扔"（捨てる）などがある。

2.3 「他現動詞」の意味的な特徴により、動作主が動作をし始めてから、対象の変化が生じるまでの間に、動作の継続や繰り返し、また時間の経過がある。言い換えれば、動作をし始めたあるいは何遍も繰り返したとしても、必ず対象の変化が生じるとは限らない。つまり動作が実現したとは言えない。従って、中国語の「他現動詞」は全て達成性結果と「共現」できる。例えば、"杀了没杀死"。この場合は"杀了"は単なる動作主の動きが始まったことを表し、「人間或いは動物の生命を失わせ、死に至らせる」という結果まで含意していない。もし、殺人者が刀で被害者を殺そうという事態を想定すれば、"杀了没杀死"の意味は、下図のように示される。（図1）

刀を挙げる	m回切る	n回切る	被害者を死なせる
1	2	3	4

杀死 ────────────────────────────────────
杀了 ──────────────────────────

つまり1から4の直前までの動作はどの段階においても"杀了"と言うが、線が4まで達するとはじめてその動作を"杀死"と言えるのである。

2.4.「自現動詞」は「自己体現」という特徴により、ある動作を行えばその動作はすぐに実現する。「他現動詞」のように、ある動作をし始める時点から対象の変化が生じるまでのプロセスがないので、達成性結果と「共現」できない。例えば、次の文は全部成立しない。

　　　　＊洗了没洗成。（＊洗濯したが、洗濯できなかった。）
　　　　＊看了没看上。（＊見たが、見ることができなかった。）
　　　　＊找了没找成。（＊捜したが、捜すことができなかった。）
　　　　＊喊了没喊成。（＊呼んだが、呼ぶことができなかった。）

含意の角度から解釈すれば、「自現動詞」は全て結果を含意していて（"V了"＝"V成/上"）、"V了"と"V成/上"の否定形を「共現」させると、前後二つの結果情報が矛盾するからである。

2.5 前にもふれたように、累積性結果がすでに実現した動作の数量や程度、状態などの増減、変化を表す結果であるので、「他現動詞」、「自現動詞」ともに累積性結果と「共現」することができる。「自現動詞」は言うまでもなく、「他現動詞」でも累積性結果と「共現」する時、結果を含意している。例えば、(10羽の鶏を殺そうとする場合、すでに5羽を殺したというコンテキストでの)"杀了没杀完"の"杀完"は累積性結果で、この場合の"杀了"は「鶏の生命を失わせ、死に至らせる」という意味を表す。つまり、結果を含意している。図で示せば、(図2)

```
        一羽を殺す   二羽を殺す   三羽を殺す   殺す予定の鶏を全部殺す
            1           2           3              4
杀了    ━━━━━━━━━━━━━━━━━━━━━━━
杀完    ━━━━━━━━━━━━━━━━━━━━━━━━━━━━━━━━━━━━
```

次の例も見られたい。

　　(10)(a:那套丛书你买了吗?)b:"买了，没买全。"(内田1981、荒川1986

参照)

(a:あの叢書は買ったか。b:買ったが、買いそろえていない。)

(11)(a:那套丛书你买了吗?)b:"买了，没买到。"

(a:あの叢書は買ったか。b:買いに行ったが、入手できなかった。)

もし、"买"の意味を「金で物と交換する」とすれば、(10)の"买了"にこのような結果を含意しているが、(11)の"买了"にはこの結果を含意していない。図で示せば、(図3)

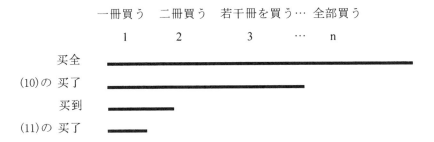

明らかに(10)の"买了"と(11)の"买了"の含意は違っている。これと同様に、図1の"杀了"と図2の"杀了"も同じではない。この点については次節の3で検討したい。

2.6 ここで、中国語の「他現動詞」と「自現動詞」における結果含意について整理してみよう。以下のようにまとめられる。

a.「他現動詞」＋達成性結果→結果を含意しない
b.「他現動詞」＋累積性結果→結果を含意する
c.＊「自現動詞」＋達成性結果
d.「自現動詞」＋累積性結果→結果を含意する

更に多くの用例を見られたい。

他現動詞の用例

(12)a．李成贵家那几亩山坡地卖了一年也没卖成。（"卖成"：達成性結

果)

　　(a. 李成貴の家のあの数ムーの傾斜地は一年間売りに出されたが、売れなかった。)

　b. 小镇交通不便，来往的人少，一筐梨卖了一天也没卖了(liǎo)。
　　("卖了"：累積性結果)

　　(b. 小さな町は交通が不便で、往来の客が少なく、一日売っても梨一かごが売り切れなかった。)

"卖"の語彙的な意味は"拿东西换钱"（物をお金に交換する）で、aの"卖了"はこの結果を含意していなく、bの"卖了"は含意している。

(13) a. 旗袍太瘦，她穿了半天也没穿上。("穿上"：達成性結果)

　　(a. チャイナドレスがきつすぎて、彼女は着ようとしたけれども、着られなかった。)

　b. 花旦的演出服很复杂，一共有十来件，她穿了半天也没穿完。
　　("穿完"：累積性結果)

　　(b. 若い女性役の着る服が多すぎて、全部で10枚ほどもあるので、彼女は着始めて随分たったが、まだ全部を着終わっていない。)

"穿"の辞書的な意味は"把衣服鞋袜等物套在身上"（服、靴、靴下などを身につける）であるが、aの"穿了"はこの結果を含意していなく、bの"穿了"は含意している。

(14) a. 衣服被雨淋湿了，紧紧贴在身上，脱了没脱下来。("脱下来"：達成性結果)

　　(a. 服が雨でずぶ濡れになり、体にくっついて、脱ごうとしても、脱げなかった。)

　b. 脱了没脱光。("脱光"：累積性結果)

　　(b. 脱いだが、全部は脱いでいない。)

"脱"の語彙的な意味は"取下、除去"（取り下げる、取り除く）であるが、aの"脱了"はこの結果を含意していなく、bの"脱了"は含意している。

(15) a. 门好像在里面上了锁，我开了没开开。（"开开"：達成性結果）

(a. ドアは中からロックされたようで、僕は開けようとしたが、開けられなかった。)

b. (他开了门没有?)"开了是开了，只开了一半儿。"（"开了一半儿"：累積性結果）

(b. 彼はドアを開けたのか。「開けたけど、半分しか開けなかった。」)

"开"の語彙的な意味は"使关闭着的东西不再关闭"（しまっている物をしまらないようにする）であるが、aの"开了"はこの結果を含意していなく、bの"开了"は含意している。

自現動詞の用例

(16) a. *这排骨煮了半个钟头也没煮成。（"煮成"：達成性結果）

(a. *このスペアリブは30分煮たが、煮えていない。)

b. 这排骨煮了半个钟头也没煮烂。（"煮烂"：累積性結果）

(b. このスペアリブは30分煮たが、まだ柔らかくなっていない。)

"煮"の語彙的な意味は"把食物等放在有水的锅里烧"（食物を水のある鍋に入れて火をかける）で、a、bの"煮了"はともにこの結果を含意している。

(17) a. *洗衣机背面的螺丝锈了，拧了几次也没拧成。（"拧成"：達成性結果）

(a. *洗濯機の裏のネジが錆びてしまったので、何回もねじってみたが、ねじれなかった。/ねじることができなかった。)

b. 洗衣机背面的螺丝锈了，拧了几次也没拧动。（"拧动"：累積性結果）

(b. 洗濯機の裏のネジが錆びてしまったので、何回もねじってみたが、びくともしなかった。)

"拧"の語彙的な意味は"控制物体向里转或向外转"（ものを内側へ或いは外

側へ回す）で、a、bの"拧了"はともにこの結果を含意している。
  (18) a. *那孩子跑得真快，我追了没追成。（"追成"：達成性結果）
      (a.*あの子は本当に走るのが速く、僕は追いかけたが、追いつけなかった。/追いつくことができなかった。）
     b. 那孩子跑得真快，我追了没追上。（"追上"：累積性結果）
      (b.あの子は本当に走るのが速く、僕は追いかけたが、追いつかなかった。）

"追"の語彙的な意味は"加快速度赶上"（スピードを出して前のものに追いつこうとして進む）で、a、bの"追了"はともにこの結果を含意している。
  (19) a. *这个软件的用法比较复杂，小刘又画图，又操作，讲了很长时间也没讲上。（"讲上"：達成性結果）[3]
      (a.*このソフトの使い方はかなり複雑なので、劉さんは図を描いたり、実際に操作したりして、長い時間説明したが、説明しきれなかった。/説明できなかった。）
     b. 这个软件的用法比较复杂，小刘又画图，又操作，讲了很长时间也没讲明白。（"讲明白"：累積性結果）
      (b.このソフトの使い方はかなり複雑で、劉さんは図を描いたり、実際に操作したりして、長い時間説明したが、相手に分かるまでの説明ができなかった。）

"讲"の語彙的な意味は"解释、说明"（解釈する、説明する）で、a、bの"讲了"はともにこの結果を含意している。

　以上の用例は、全部「V1＋V2α」のように形式化できるが、しかし、日本語のV1とV2が異なる表現にも多く見られるのに対して、中国語のV1とV2は全部同一の動詞である。前の1.2でもふれたが「*捕まえたが、捕まらなかった」を「捜索したが、捕まらなかった」に変えると、容認される文になるが、しかし、中国語の場合は、動詞まで変える必要がない。次節では、このことについて検討したい。

3. 中国語動詞の意味分化

3.1 日本語の動詞と違って、中国語の動詞は動作を表すこともでき、同じ形で行為を表すこともできる。意味の範疇から言えば、動作は動作主自身の動きであり、行為はこの動きの名称なので、中国語の動詞は動詞の働きもあれば、名詞の働きもあると言ってもいいようである。例えば、

(20) a. 你怎么才记了一个单词就腻了？

　　　　(a. どうしてまだ一つの単語しか覚えていないのに、もう厭きたの？)

　　　b. 对这些常用句，不光要反复说，记也很重要。

　　　　(b. これらの常用文は、繰り返して練習するばかりでなく、暗記することも大事なことだ。)

(21) a. 土改初期，工作队在豫东地区抓了不少人，也错杀了一些。

　　　　(a. 土地改革の初期には、工作団が豫東地区で多くの人を捕まえ、間違って人も一部殺した。)

　　　b. 我们对这些人的政策是：一般不杀，大部不抓。杀和抓都不是解决问题的根本办法。

　　　　(b. これらの人々に対するわれわれの政策は「普通は死刑に処すことをせず、多くの人を逮捕しない」である。処刑と逮捕はどちらも根本的に問題を解決する方法ではない。)

2例のaの"记、抓、杀"は動詞の用法で、"记了、抓了、杀了"はそれぞれある特定の時間に発生した動作を表す。bの"记、抓、杀"は動作ではなく、「記憶」のような行為を表す。これらに対する日本語はそれぞれ名詞形の「暗記、処刑、逮捕」になっている。本稿では中国語動詞に見られるこの現象を「意味分化」と呼ぶことにする。これは結果含意の研究にも絡んでいると認識している。

3.2 動詞の意味分化には、上例のように動詞が名詞の働きをするケースもあれば、どちらも動詞であるが、場合により、ある文の中では動作を表

し、ある文の中では行為を表すケースもある。前文2.5の図で示したように、累積性結果構文"买了，没买全"の"买了"と達成性結果構文"买了，没买到"の"买了"の意味が異なっている。前者の「買うという動作を完成した」に対して、後者は「買い物するという行為をした」という意味になる。同様に、二つの"杀了"の片方は「人を殺した」、もう片方は「殺人行為をした」というような相違がある。宮島(1989)では「買い物」という行為を「1．買いたいものを捜す。2．売り主を捜す。3．売り主のところに行く。4．値段の交渉。5．合意の成立。6．支払う。7．ものの所有権がかわる。8．ものを持って帰る」等の八つの段階に分けた[4]。日本語は八つの語をもってそれぞれの段階を表すかも知れないが、中国語ではこれらを全て"买"で表すことができる。

　いうまでもなく、文法体系上で動作と行為を表す二つの"买・杀"を別の語として処理するのが得策とは考えにくい。しかしながら、ただどちらか一方を根拠にして、一律に中国語の動詞がどの場合でも結果を含意している、あるいは含意していないと断定するのも認め難い。

　荒川(1981)では、「日本語の動詞が多くその結果までもその意味範囲に含めているのに対し、中国語では(中略)結果までを意味するかどうかは、動詞そのものだけではなく、動詞のsyntagmaticな環境からも問題になるものである」と指摘した。また荒川(1986)では、中国語動詞の意味の段階性も論じている。氏は動詞"穿"を二つに分け、"穿1"は"到穿上为止的阶段"（服を身体に付けたまでの段階）を指し、動態的な表現であるとした。"穿2"は"穿上以后保持那种状态的阶段"（服を身につけた後その状態を維持する段階）を指し、静態的な表現である、と指摘した。これを参考にすれば、本稿の動詞と結果に対する分類は氏の言われた「動詞の多く」及びsyntagmaticな環境についての整理であると考えることができる。また、結果含意に関する表現の"穿了没穿上"と"穿了没穿完"の二つの"穿了"について、「前者は行為、後者は動作であり、前者は完了結果を含意しておらず、後者は含意している」のように認識すればごく自然であると言え

よう。

4. おわりに

本章では、日中対照と言っても中国語を中心として、動詞における結果含意を検討したにすぎない。初歩的な結論は次の通りになる。

(1) 動作との関係により、先行研究で討論された「完了結果」は、「達成性結果」と「累積性結果」に分けられる。

(2) 動作を体現する方式に基づいて、動詞は「自現動詞」と「他現動詞」に分けられ、中国語の自現動詞も、日本語の自現動詞も、達成性結果を含意している。その為、両言語とも達成性結果とは「共現」できず、累積性結果とは「共現」できる。

(3) 中国語の他現動詞は達成性結果と共現する場合は達成性結果を含意しないが、累積性結果と共現する場合は達成性結果を含意している。この点では日本語の他現動詞と異なってくる。

(4) 中国語の他現動詞の特徴は中国語動詞の「意味分化」現象に関係があると考えられる。

注

1) ここではなぜ"张三杀了李四,但李四没死"は言えず、"杀了没杀死"は言えるのかという問題が生じる。それは中国語の"Ｖ了Ｏ"の形式で動作の達成を表し、"Ｖ了"あるいは"ＶＯ了"の形式で行為の実現を表す傾向に関係あると思われる。改めて検討したいと思う。

2) 中川1995では"杀死、买到、找到、想出来、点着、开开、抓住、揭下来、关上、看完"などを同一レベルで論議されているが、本稿の分類によって、動詞と結果のタイプを分けて検討すべきである。

3) "〜上"は二つあり、「付着」を表すもの(例えば、"穿上、挂上")は累積性結果で、「成し遂げる」を表すもの(例えば"讲上、吃上")は達成性結果である。劉月華1998参照。

4) この分け方は彭広陸2000を参考した。

参考文献

荒川清秀 1981「中国語動詞にみられるいくつかのカテゴリー」、『愛知大学文学会文学論叢』、第67輯。

荒川清秀 1986「中国語動詞の意味における段階性」、『中国語』、9月号。

池上嘉彦 1981『「する」と「なる」の言語学』、大修館書店。

内田慶市 1981「結果補語と否定の射程」、『中国語研究』 20号。

奥田靖雄 1994「動詞の終止形(その3)」、『教育国語』第2. 13号。

郭 雲輝 1998「中国語における限界動詞・無限界動詞とアスペクトとの関係」、『お茶の水女子大学中国文学会報』、第17号。

郭 鋭 1993「汉语动词的过程结构」,《中国语文》、第6期。

郭 鋭 1997「过程和非过程ーー汉语谓语性成分的两种外在时间类型」,《中国语文》、第3期。

影山太郎 1996a「モジュール形態論の全貌」、『言語』11号。

影山太郎 1996b『動詞意味論——言語と認知の接点』、くろしお出版。中訳《动词语义学——语言与认知的接点》(于康・张勤・王占华译)、中央广播电视大学出版社。

木村英樹 1997「動詞接尾辞"了"の意味と表現機能」、『大河内康憲教授退官記念中国語学論文集』、東方書店。

沈 家煊 1995「"有界"与"无界"」,《中国语文》第5期。

Tai, James. 1984 "Verbs and Times in Chinese: Vendler's Four Categories," *From the Parasession on Lexical Semantics CLS 289-296.*

中川裕三 1995「中国語の文法形式と結果含意」、『中国語学』。

马 庆株 1981「时量宾语和动词的类」,《中国语文》、第2期。

彭 広陸 2000「"買了3年没有買到"をめぐって」、『荒屋勧教授古希記念中国語論集』、白帝社。

三原健一 1998「数量詞連結文と結果の含意」、『言語』1. 6. 7. 8号。

宮島達夫 1989「動詞の意味範囲の日中比較」、『言葉の科学』第2集、むぎ書房。

宮島達夫 1994 『語彙論研究』、むぎ書房。

刘　月华 1998《趋向补语通释》，北京语言文化大学出版社。

ヤーホントフ 1958《汉语的动词范畴》（陈孔伦 译），中华书局。

(注："蕴涵"有的著作也作"蕴含"，本书除强调"包含"的意义时以外，一律用 "蕴涵"。)

著者介绍

王占华

中国吉林省长春市人。曾任吉林大学讲师，大阪市立大学副教授，现任北九州市立大学教授。专业及学术研究兴趣为现代汉语语法、语义分析和话语理解、比较语用学。
著有《現代中国語研究論集》（共編 1999 中国書店）
《中国語学概論》（共著 2004、2006 駿河台出版社）
《中国語常用フレーズ辞典》（編 2006 光生館）等。

语义蕴涵与句法结构及话语理解

2015年3月30日　第1刷発行　　　　定価 5,500円（税別）

著　者	王　　占　　华	
発行者	土　　江　　洋　　宇	
発行所	朋　　友　　書　　店	

〒606-8311　京都市左京区吉田神楽岡町8
電　話（075）761-1285
ＦＡＸ（075）761-8150
E-mail：hoyu@hoyubook.co.jp

印刷所　株式会社 図書印刷 同　朋　舎

ISBN 978-4-89281-144-9 C3087 ¥ 5500E